오늘부터 조금씩
제로 웨이스트

오늘부터 조금씩
제로 웨이스트

장서영(그린라이프)

모두의 지구를 위한 작은 행동

비즈니스맵

CONTENTS

그린라이프를 시작하게 된 계기

둥코를 소개합니다

제 1 장 **쓰레기 분리수거, 이왕 하는 거 제대로 하자**

1. 음식물이라고 다 음식물 쓰레기는 아니다 —— **22**

2. 폐식용유, 어떻게 처리할까? —— **26**

3. 컵라면 용기, 이제는 재활용하자 —— **32**

4. 그동안 고무장갑 어떻게 버렸니? —— **36**

5. 비닐, 잘 구분해서 잘 버리자! —— **42**

쉬어가기 1. 나는 어떤 유형의 그린 컨슈머일까? —— **48**

6. 다양한 화장품 용기에 딱 맞는 분리배출 방법 —— **54**

7. 전자 제품 처리 방법 어렵지 않아요~ —— **60**

8. 날카로운 유리는 어떻게? —— **64**

9. 화장실 휴지를 버리는 최선의 방법은? —— **68**

10. 공기 청정기 필터, 젤리형 제습제는 어떻게 버릴까? —— **72**

11. 이제부터 폐페트병 수입은 없다! —— **78**

쉬어가기 2. 세계 환경의 날! —— **82**

[제로 웨이스트 실천기 1 : 비닐] —— **86**

제 2 장 **환경을 위해 조금만 신경 써보자**

1. 환경을 위한 자동차 에티켓 —— **94**

2. 에너지 아끼고 마일리지 쌓자! —— **98**

3. 혹시 아이스팩 수거보상제 들어봤니? —— **104**

4. 2022년 돌아오는 일회용 컵 보증금제 —— **108**

5. 건강과 환경 모두 챙기는 운동 같이할 사람~? —— **112**

6. 자취 필수템 즉석밥, 재활용이 안 된다고? —— **118**

7. 반짝이지 않아도 즐거운 크리스마스 —— **122**

8. 고기 없는 월요일 —— **126**

쉬어가기 3. 2020년 여름, 해충이 습격했다! —— **130**

[제로 웨이스트 실천기 2 : 장바구니] —— **134**

제 3 장 **쉽게 따라 할 수 있는 일상생활 꿀팁 대방출**

1. 내 텀블러는 소중하니까! —— **142**

2. 커피컵 홀더, 그냥 버리면 너무 아깝잖아? —— **146**

3. 너무 쉬운 과일망 재사용법 —— **150**

4. 밀가루 하나로 대청소 끝내기! —— **156**

쉬어가기 4. 냉장고 속 재료는 언제까지 보관이 가능할까? —— **162**

5. 세제 없이 빨래 냄새 제거하기 —— **168**

6. 천연 세제 레시피 —— **172**

7. 계란 껍데기, 활용도가 꽤 높네? —— **178**

8. 아이스팩도 재활용 수 있다고? —— **182**

9. 유통 기한 지난 화장품 활용법 —— **186**

쉬어가기 5. 환경 영화 추천, 두 번 추천! —— **190**

[제로 웨이스트 실천기 3 : 플로깅] —— **194**

제 4 장 **재활용품의 화려한 컴백!**

1. 재활용 가치가 높은 커피박 ——— **200**

2. 호텔 비누의 재탄생 ——— **206**

3. 바다의 골칫거리, 서핑 보드가 되다! ——— **210**

4. 폐플라스틱을 낚아 가구를 만든다? ——— **214**

5. 지속 가능한 건물, 컨테이너 업사이클링 ——— **220**

6. 분리수거함에서 새롭게 재탄생! ——— **224**

7. 해양을 살리는 오션 보틀 ——— **228**

쉬어가기 6. 새로운 가치를 만드는 업사이클링 ——— **232**

[제로 웨이스트 실천기 4 : 중고 거래]——— **238**

제 5 장 **환경에 대해 미처 알지 못했던 사실들**

1. 아보카도의 치명적인 단점 ——— **244**

2. 약을 잘못 버리면 독이 된다고? ——— **248**

3. '친환경' 종이 아이스팩? ——— **254**

4. 종이라고 해서 다 같은 종이는 아니다 ——— **258**

5. 미세 플라스틱은 환경에 어떤 영향을 주는 걸까? ——— **262**

6. 에코백은 정말 친환경적일까? ——— **266**

7. 채식에도 유형이 있다? ——— **272**

8. 껌이 플라스틱이었다니! ——— **278**

쉬어가기 7. 장마, 태풍과 함께 나타나는 한국의 쓰레기 섬 ——— **282**

[제로 웨이스트 실천기 5 : 천연 세제]——— **286**

제 6 장 **환경을 위한 참신한 아이디어**

1. 비닐 없이 친환경 포장하기 —— **292**

2. 친환경 테이크아웃 용기 —— **296**

3. 바나나 잎 포장지 —— **300**

4. 자연에서 와서 자연으로 돌아가는 제품들 —— **304**

5. 미래형 플라스틱, 페프 ___ **310**

6. 지속 가능한 종이에 콩기름 잉크 —— **316**

7. 환경과 건강을 지키는 고체 샴푸바 —— **320**

8. 맥주에도 비건 맥주가 따로 있다? —— **324**

쉬어가기 8. 기상청 오보는 지구 온난화 때문일까? —— **328**

[제로 웨이스트 실천기 6 : 다회용기] —— **332**

제 7 장 **친환경 브랜드를 소개합니다**

1. 환경을 위해 노력하는 패션 브랜드 —— **340**

2. 스텔라 맥카트니의 그린 라이프 —— **348**

3. 퇴비화되는 포장지 —— **354**

4. 자연의 재료로 만든 안경테! —— **360**

5. 비건 가죽이라고? —— **364**

쉬어가기 9. 환경 관련 기념일 —— **370**

●●●

그린라이프를 시작하게 된 계기

저는 빈티지 제품에 관심이 많아요.
물건의 세월감이 느껴져서 좋아하죠.

와 이런 걸 발견하다니!
하나밖에 없다고 생각하니까
더 소중해 보여.

빈티지 스웨터

매번 오래된 빈티지 옷들만 찾다가
폐방수천으로 만들어진 가방을 발견하게 된 날이었어요.

이거 뭐야?!
천이랑 패턴이 되게
특이하고 매력 있다!

폐방수천으로 만든
업사이클링 가방이야.
이 패턴은 이 세상에
하나밖에 없어!

세월의 흔적이
느껴지는 질감

독보적
패턴

집에 와서 검색해보니, 업사이클링 외에도
환경 보호, 재활용, 폐플라스틱 등 환경에 관련된
다양한 정보를 찾을 수 있었어요.

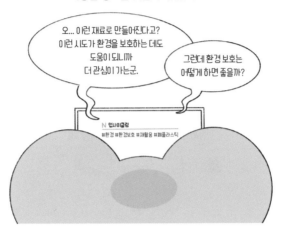

환경을 위해 노력하는 곳들이 많은 것을 보고,
'나도 환경 보호를 위해 실천할 수 있는 일이 없을까?'라고
생각하게 되었죠.

하지만 여러 홈페이지에서 수집한 환경 정보와 꿀팁은
뒤죽박죽 섞여 있어서 보기가 쉽지 않았어요.
(정보의 질은 좋았지만 한눈에 보기에는 어려움이 있었답니다.)

'내가 알아보기 쉽게 정리를 해보자!'라는
마음으로 글을 정리하고, 그림으로 표현하기 시작했어요.
(환경 보호를 위한 행동은 우리가 일상에서 실천할 수 있는
아주 사소한 것들로부터 시작된다는 사실을 제대로 깨달을 수 있었어요.)

그러다가 환경에는 관심이 많지만 시작이 어려워 망설이는
사람들을 위해, 환경을 쉽고 재미있게 알아가고
실천할 수 있는 공간을 만들게 되었답니다.

그렇다면 둥코가 말하는 누구나 쉽고 재미있게
환경 보호를 실천할 수 있는 방법에는 무엇이 있을까요?

제로 웨이스트란 무엇일까요?

'쓰레기(waste)를 O(zero)으로 줄이자'라는 취지의
환경 운동으로, 일상 속에서 발생하는 쓰레기를
최소한으로 줄이는 라이프 스타일을 지향해요.

* 로렌 싱어(Lauren Singer):
제로 웨이스트 운동을 실천 중인 미국의 환경 운동가이자 기업가이다.

둥코를 소개합니다

안녕하세요! 둥코예요.

파-잔

제 소개를 할게요. 저는 아프리카 열대 우림에서 왔고,
둥근 귀와 긴~ 코가 특징이라 '둥근귀코끼리'라고 불리게 되었어요.
편하게 '둥코'라고 불러주세요.

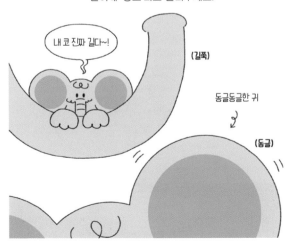

내 코 진짜 길다~!

(길쭉)

둥글둥글한 귀

(동글)

그런데 제가 지구를 지키는 지구 지킴이래요!

저는 30cm 이하의 줄기를 지닌 나무와 초목을
주로 먹고 있어요. 하루에 무려 450kg이나 먹는 대식가랍니다.

이렇게 먹으면 나무와 초목의 빽빽한 밀도를 완화해,
식물들이 공간을 획득하여 더 많은 빛과 물을 확보할 수 있어요.
그래서 더 튼튼하고 높이 자랄 수 있대요.

결과적으로 이전보다 적은 수이긴 하지만,
초목이 튼튼하면서도 더 높게 자랄 수 있는 환경을 조성한대요.
저 지구 지킴이 해도 되겠죠?

그런데 큰 고민이
하나 있어요...

제 친구들이 멸종 위기에 처해 있기 때문인데요.
중국 등 세계적인 상아 수입국인 몇몇 아시아 국가들 때문에
둥근귀코끼리가 멸종 위기 동물로 지정되었어요.

(상아로 만든 액세서리가 비싼 값에 판매되고 있어요.)

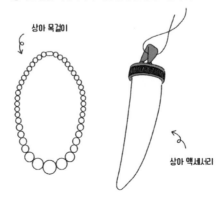

상아 목걸이

상아 액세서리

2019년 〈네이처 지오사이언스〉에 실린 한 논문에 따르면
둥근귀코끼리가 멸종된다면, 아프리카 열대 우림의 지상 생물량은
7% 감소하고 이산화탄소 양은 증가하게 될 거래요.
둥코를 비롯한 모든 동물들을 보호하고 지켜주세요!

제 1 장

쓰레기 분리수거,
이왕 하는 거 제대로 하자

쓰레기 분리수거, 이왕 하는 거 제대로 하자 1

음식물이라고
다 음식물 쓰레기는 아니다

음식물 쓰레기 버리기, 참 쉽지 않죠?
우리나라 음식물 쓰레기는 대부분
가축의 사료로 쓰인대요.

음식물 쓰레기는
건조 처리 과정에서 120도 이상의 고온으로
미생물을 완전히 사멸시킨 후,
양계 사료로 만들어집니다.

022

음식물 쓰레기
전용 봉투

1. 부드럽고 얇은 껍질은 음식물 쓰레기!

부드럽고 얇은 바나나, 고구마, 감자 껍질과
수분이 많은 수박, 귤 껍질은 음식물 쓰레기로 분류돼요.

2. 껍질이라고 모두 음식물 쓰레기는 아니다!

식물성 껍질은 섬유질이 많아 분쇄가 어렵고
가축의 소화 능력도 떨어뜨려서 일반 쓰레기로 분류돼요.

일반 쓰레기 - 파 뿌리, 양파 껍질, 옥수수 껍질, 콩 껍질, 파인애플 껍질 등

3. 뾰족한 가시와 딱딱한 뼈는 일반 쓰레기

육류의 딱딱한 뼈와 생선의 뾰족한 가시는
비료나 사료로 쓰일 수 없기 때문에 일반 쓰레기로 분류돼요.

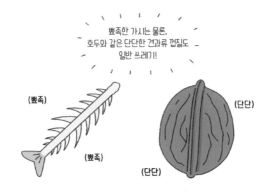

뾰족한 가시는 물론,
호두와 같은 단단한 견과류 껍질도
일반 쓰레기!

(뾰족)

(단단)

(뾰족)

(단단)

4. 쌈장, 고추장, 된장, 삼대장도 일반 쓰레기

된장, 고추장 등 장류는 염분이 많아 가축의 사료나
비료로 사용할 수 없어서 일반 쓰레기로 분류돼요.

저희는
일반 쓰레기입니다!

TIP. 헷갈리기 쉬운 음식물 리스트

돼지비계와 내장

돼지비계와 내장은 포화 지방산이 많기 때문에 가축의
사료로 적합하지 않아 일반 쓰레기로 배출한다.

복어의 내장

복어의 내장이나 알에는 독성이 있어 가축의 사료로
사용할 수 없기 때문에 일반 쓰레기로 배출한다.

멜론, 망고, 오렌지 껍질

수박과 귤을 포함해, 수분이 많거나
부드러운 껍질은 음식물 쓰레기로 배출한다.

커피, 차 찌꺼기

원두, 찻잎 등의 찌꺼기는 가축의 사료나 비료로
재사용하기 어렵기 때문에 일반 쓰레기로 배출한다.

폐식용유,
어떻게 처리할까?

요리하는 것을 좋아하는 둥코.
(비가 자주 와서 그런가?)
요즘은 튀김류를 즐겨 만들어 먹고 있어요.

튀김의 양만큼
늘어나는 기름의 양
↘

타닥

타닥

여기서 잠깐!

폐식용유를 어떻게 처리하시나요?
폐식용유를 하수구로 배출하게 되면 수질 오염뿐 아니라,
물 위에 기름막을 형성해 물 안으로 산소 공급이 어려워져서
해양 생태계에 큰 위협이 된대요!

흠... 폐식용유 어떻게 처리하지?

치킨집이나 튀김 전문점은 폐식용유의 양이 많아서
업체에서 수거를 하지만, 가정에서 나오는
기름의 양은 그렇게 많지 않아 처리하기가 애매하죠.

아파트에 따라
폐식용유 수거함이 따로 있는 경우도 있어요.
기름을 식힌 뒤 병에 모아서 버려주세요.

폐식용유 수거함

폐식용유 업체 수거용

하지만 폐식용유 수거함이 없는 경우에는 어떻게 해야 할까요?

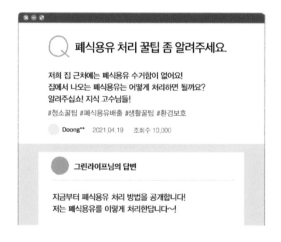

1. 기름 응고제를 사용해 냉동고에 3시간가량 굳혀
고체 상태로 만들거나 액체 상태의 폐식용유를
신문지에 적신 후 돌돌 말아 일반 쓰레기로 버려주세요.

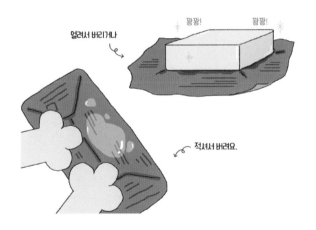

얼려서 버리거나

꽝꽝!   꽝꽝!

적셔서 버려요.

2. 남은 기름의 양이 많다면 맛기름을 만들어보세요!

(둥코가 만들어본 것 중에서는 마늘 기름이 최고였어요!
볶음밥 할 때 필. 수. 템이에요.)

1. 마늘을 얇게 썬 후, 진액을 없애기 위해
물로 헹구고, 30분 정도 찬물에 담가주세요.

2. 물기를 제거한 후, 남은 식용유에 튀겨주세요.
(뜨거운 온도에서 바싹 튀겨주세요!)

3. 마늘이 갈색빛을 띠면 체로 건져요.
마늘 기름만 한 번 더 체로 걸러 식혀준 뒤
공병에 담아주세요.

TIP.
바삭하고 고소하게 튀겨진 마늘 칩은
볶음밥에 올려서 같이 먹으면 꿀맛이에요!

3. 폐식용유로 비누를 만들어볼까요?

1. 폐식용유 찌꺼기를 체에 걸러주세요.

2. 스테인리스 볼에 정제수 500ml,
가성 소다 100g을 넣고 천천히 녹여주세요.

* 가성 소다를 녹일 때 주의할 점
1) 장갑, 마스크, 긴팔을 착용해 몸에 닿지 않게 주의해주세요.
2) 환기, 통풍이 잘 되는 곳에서 진행해주세요.

3. 폐식용유에 녹인 가성 소다를 넣고
3~40분 잘 저어주세요.
(취향에 따라 코코넛오일, 팜유 등을 넣어주세요.)

4. 죽처럼 응고되면 우유갑이나
빈 통에 넣어 굳혀주세요.

5. 4~5시간 뒤 칼집을 내고, 완전히 굳으면
칼집에 따라 잘라주세요.

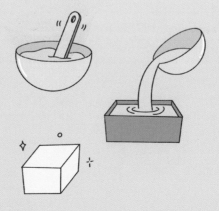

컵라면 용기,
이제는 재활용하자

컵라면을 먹고 난 후의 용기는 라면 국물이 묻어 있어서
씻어도 지워지지 않아 재활용이 불가능했어요.

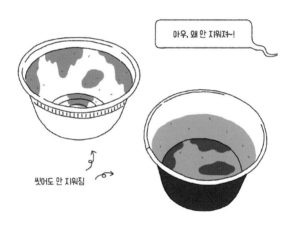

아우, 왜 안 지워져~!

씻어도 안 지워짐

하지만 이제 걱정 마세요.
이 방법만 알면 라면 용기를 재활용할 수 있답니다!

지워지지 않는 라면 용기를 물로 헹군 뒤 햇볕에 잘 말려주세요.
(이틀 정도 햇볕에 바싹 말려주면 깨끗해져요.)

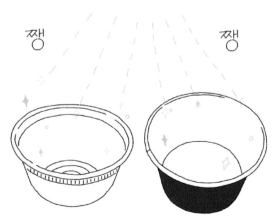

씻어도 지워지지 않던 양념이 어떻게 햇볕에 지워지는 거죠?

고추에 붉은색을 내는 카로티노이드는
햇볕과 공기에 노출되면 산화되어 색이 사라져요.

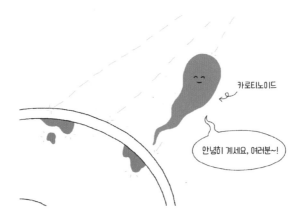

카로티노이드

안녕히 계세요, 여러분~!

양념이 지워져도 기름기가 남아 있는데 재활용 안 되는 거 아닌가요?

걱정하지 마세요. 기름기가 일부 남아 있어도
재활용이 가능하다고 합니다!

저 깨끗한데 기름기가 조금 있어요.
그래도 괜찮나요?

응, 너 통과!

이외에도 김치 국물이 튄 옷, 반찬통, 양념이 묻은 비닐 등
오염된 부분을 햇볕에 잘 말리면, 산화 작용으로
얼룩이나 양념이 깨끗하게 지워질 거예요.

컵라면 용기는 종이류와 스티로폼류가 있으니 잘 구분하고,
이제부터는 재활용하자고요!

쓰레기 분리수거, 이왕 하는 거 제대로 하자 4

그동안 고무장갑 어떻게 버렸니?

둥코는 고무장갑을 끼고 설거지하는 중이었어요.

이상하게 물이 들어오는 느낌이 들어서
확인해보니 작은 구멍이 뚫려 있었어요.

이거

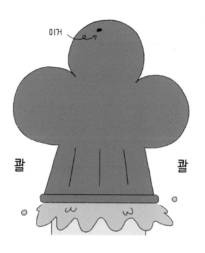

괄   괄

테이프로 막아 사용할까도 생각했지만
떠오르는 실패의 기억들...

고무장갑 안쪽

임시방편 테이프

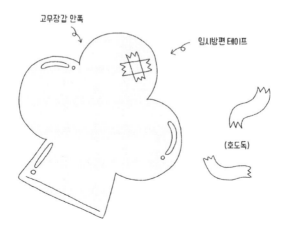

(호도독)

고무장갑을 버려야 하는데 재활용에 버려야 할지,
종량제 봉투에 버려야 할지 헷갈리기 시작했어요.

하지만 정답은 반드시 있는 법!
바로 '종량제 봉투에 버리는 것'이었답니다.
(천연고무는 재활용, 합성 고무는 종량제예요.)

| 고무장갑 | 종량제 봉투 | 종량제 봉투로 배출 |

(출처: 환경부 '재활용품 분리배출 가이드라인')

고무장갑은 플라스틱 외에 여러 합성 고무로 구성되어 있어,
재활용 가치가 낮기 때문에 일반 쓰레기로 분류해요.

참고로 고무 대야 또한 합성 고무이기 때문에
종량제 봉투 또는 대형 폐기물 신고 후
배출 수수료를 납부하고 버려야 해요.

Q? 고무 대야는 재활용이 가능한가요?

재활용이 가능하나 여러 종류의
합성수지가 포함되어 재활용 가치가
낮으므로 종량제 봉투에 배출하거나
대형 폐기물 신고 후 배출 수수료를
납부하고 배출합니다.
(규격에 따른 수수료는 해당 구청에 문의해주세요.)

고무장갑, 고무 대야와 같은 합성 고무는
종량제 봉투에 버려야 한다는 건 확실히 알겠는데,
작은 구멍 빼고 멀쩡한 부분을
재활용할 수 있는 방법은 없을까요?

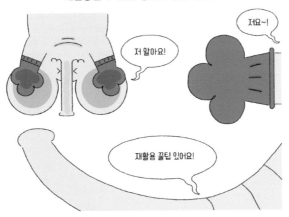

탄력성이 뛰어난 고무장갑을 링 모양이 나오게
잘라서 과자 봉지 등을 묶어서 밀봉할 수 있어요.

흘러내리는 옷을 딱! 고정시킬 수 있는
옷걸이로도 재탄생할 수 있답니다.

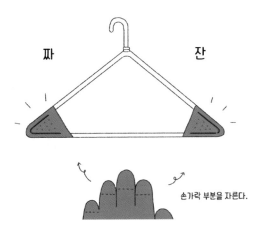

짜   잔

손가락 부분을 자른다.

비닐, 잘 구분해서 잘 버리자!

일상에서 가장 많이 쓰이는 비닐.
비닐에도 다양한 종류가 있어요.

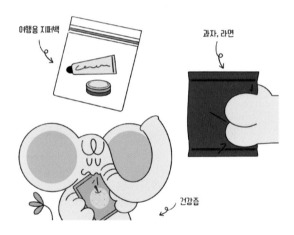

여행용 지퍼백

과자, 라면

건강즙

수많은 비닐 중에는
재활용이 되는 비닐과 안 되는 비닐이 있죠.
비닐이 제대로 재활용될 수 있도록 구분해볼까요?

비닐, 버리기 전에 꼭 확인해요!

1. 이물질이 없어야 해요

테이프, 기름기, 이물질 등이 부분적으로 묻어 있다면 제거 후
깨끗한 비닐만 따로 비닐류로 분류해주세요.
제거가 어려운 경우에는 일반 쓰레기로 버려주세요.

2. 모은 비닐류는 투명한 봉지에 넣어 배출해요

깨끗하고 재활용 가능한 비닐만 따로 모아, 빠른 내용물 확인을
위해 투명 비닐봉지에 담아 버려주세요.

1. 비닐류 OTHER

과자, 라면 봉지, 건강즙에 많이 사용되는 OTHER는
태워서 에너지를 얻는 고형 연료로 재활용이 돼요.
이물질이 묻어 있는 경우에는 내용물을
깨끗하게 씻고, 잘 말린 후 비닐류로 버려주시면 됩니다.

기름기, 이물질이 지워지지 않으면
일반 쓰레기에 버려주셔야 해요.

건강즙 같은
레토르트 파우치는 반을
잘라서 내용물을 비워 깨끗하게
처리해주세요!

2. 에어캡(뽁뽁이)

에어캡과 비닐 충전재는 재활용 비닐이에요.
테이프나 접착제가 붙어 있는 경우 해당 부분만
가위로 제거 후 비닐류로 배출해주세요.

테이프가
붙어 있는 부분을
제거해주세요.

3. 위생팩(일회용 비닐봉지), 지퍼백

지퍼백은 단일 재질이라 재활용 가치가 높아요.
위생팩과 지퍼백은 깨끗한 상태에서만 재활용이 가능합니다.
(작은 이물질과 스티커는 반드시 제거해주세요.)

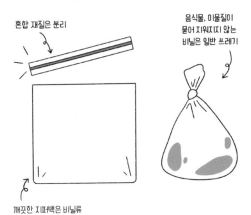

혼합 재질은 분리

음식물, 이물질이
묻어 지워지지 않는
비닐은 일반 쓰레기

깨끗한 지퍼백은 비닐류

아래에 있는 비닐은
재활용이 안 된답니다!

작은 자투리 비닐
PVC 위생 랩(배달 시 사용되는 랩)
검정 비닐봉지
이물질이 제거되지 않은 비닐
스티커가 붙은 비닐

* 검정 비닐 – 유색, 검정 비닐은 별도의 색소 분리 과정이 필요하기
때문에 비용 문제로 대부분 소각, 매립되고 있어요.
(되도록이면 검정, 유색 비닐을 사용하지 않기로 해요!)

PVC 비닐은 왜 재활용이 안 되나요?

PVC는 원료로 염소가 많이 들어가는데요.
PVC를 태우면 이 염소 성분 때문에
염화수소 가스가 발생합니다. 염화수소 가스는 부식성이
아주 강해 기계를 망가뜨릴 수도 있어요.
그래서 PVC 비닐은 반드시 종량제 봉투에 버려야 해요.

비닐도 플라스틱처럼 부피를 줄여서 배출해야 하나요?

비닐의 부피를 줄이기 위해 딱지를 접어 배출하시나요?
딱지를 접은 비닐은 내용물 확인이 어려워요.
선별장에서 접힌 비닐을 펴서 일일이 확인할 여유가
없기 때문에 일반 쓰레기로 분류되어 버려져요.
잘 세척하고 말린 깨끗한 비닐, 이제 접지 마세요!

나는 어떤 유형의
그린 컨슈머일까?

필(必)환경 시대, 환경 보호를 위한 움직임이 커지고 있어요.
환경 보호 캠페인에 적극적인 모습을 보이며
다회용품을 사용하는 우리는 '그린 컨슈머'입니다.

그린 컨슈머란 환경 문제에 대해 관심과 책임감을 갖고,
소비를 할 때는 환경 보전을 추구하려고
노력하는 소비자를 말해요.

이름: 둥코

특징: 환경을 위해 과한
포장이 있는 상품을
구매하지 않고, 불필요한
소비를 줄이려고 노력함.

유형: ?

1. Refuse_거부 유형

환경 측면에서 봤을 때 문제가 있는 기업의 제품 또는
부적절한 상품을 거부하는 그린 컨슈머.

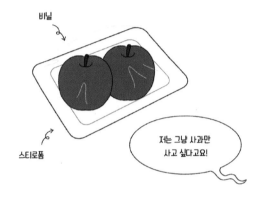

2. Reduce_감소 유형

환경 보호를 위해 제품 사용량과 소비를
줄이려고 노력하는 그린 컨슈머.

3. Reuse_재이용 유형

하나의 제품이나 재료를 최대한 오래
사용하기 위해 노력하는 그린 컨슈머.

4. Recycle_재활용 유형

망가졌거나 오래된 제품을 다른 형태로 만들어
사용하거나 제품에 새로운 디자인을 더해
이용 가치를 높이는 그린 컨슈머.

나는 어떤 유형의 그린 컨슈머일까요?
(내가 해당되는 유형에 체크해보세요!)

☐ Refuse(거부 유형)
 - 환경에 문제가 있는 회사는 거부한다!

☐ Reduce(감소 유형)
 - 이번 달 소비를 줄여볼까?

☐ Reuse(재이용 유형)
 - 튼튼하니 아직 쓸 만하구먼?

☐ Recycle(재활용 유형)
 - 이 가방? 업사이클링 제품이야!

다양한 화장품 용기에
딱 맞는 분리배출 방법

화장품 용기,
어떻게 처리하고 계시나요?

1. 플라스틱 용기

플라스틱 용기를 분리배출할 때는 뒷면에 있는
재질 표시를 꼭 확인해주세요.
(PET, HDPE, LDPE, PP, PS는 재활용이 가능하나
PVC, OTHER는 재활용이 안 돼요.)

립스틱은 냉동실에
1~2시간 얼리면 분리가 쉬워요.

가루형 색조 화장품은
긁어서 분리해주세요.

TIP. 재활용이 안 되는 플라스틱도 있어요!

1. 일반 페트에 비해 딱딱한 재질

페트-G는 글리콜 성분이 함유되어 있는데, 화장품 용기에
많이 사용되는 재질이지만 재활용이 어렵다고 합니다. 만져봤을 때
일반 페트보다 딱딱한 경우 페트-G일 확률이 높다고 합니다.

2. 용기 자체에 프린팅이 된 경우

페트-G로 분류되고, 프린팅이 재생 원료 품질을 떨어뜨려요.

3. 색이 있는 경우

색이 있고 내용물 분리가 어려운 용기는 페트-G로 분류돼요.

4. 부피가 작은 용기

크기가 작아 재활용 선별이 어려워요.
(샘플 용기, 마스카라, 틴트, 아이섀도 등)

2. 유리 용기

용기에 남은 내용물을 깨끗하게 비운 후
분리배출하면 되지만, 내용물이 남아 있는 경우에는
휴지로 잘 감싸 일반 쓰레기에 버려주세요.

(파운데이션 같이 내용물이 깨끗하게
비워지지 않는 경우에는 일반 쓰레기로 버려주세요.)

신문지에 내용물을
흡수시켜요.

재질 분리

3. 캔, 금속 용기

미스트, 헤어스프레이, 쉐이빙 폼 등 가스가 들어 있는
캔, 금속 용기는 통풍이 잘 되는 곳에서 가스를
최대한 뺀 후 배출해주세요.

(안전 사고의 우려가 있으니 못으로 뚫는 방법이 아닌 입구로 배출해주세요.)

쉬-이-익

안전하게 가스를
빼내는 중이야.

플라스틱은 따로 배출

4. 종이 용기

포장지에 코팅이 되어 있거나 화장품이 묻어 있다면
재활용이 불가능하기 때문에 일반 쓰레기로 버려주세요.

(코팅되지 않은 종이에 이물질이 묻어 있다면
그 부분만 떼어 버린 후 재활용을 하면 됩니다.)

5. 튜브형 용기

튜브형 용기 중 'OTHER' 표시는 여러 종류의 재질이
섞여 있고, 색이 많이 들어가 있어서 재활용이 어렵기 때문에
일반 쓰레기로 버려주셔야 합니다.

(튜브형 용기는 주로 LDPE로 만들어지는데,
내용물을 깨끗이 비운 후 분리배출해야 해요.)

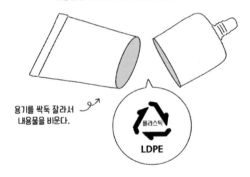

용기를 싹둑 잘라서
내용물을 비운다.

전자 제품 처리 방법
어렵지 않아요~

전자 제품에는 스테인리스, 구리 등 재활용 가능한
금속 자원이 있지만, 납과 수은같이 환경에 유해한
중금속도 포함되어 있답니다.

이거 함부로
버리면 안 되겠네.

그렇다면 어떻게 폐전자 제품을
올바르게 처리할 수 있을까요?

1. 수거 요청하기

오래된 전자 제품을 새 제품으로 교체할 예정이라면
전자 제품 판매자에게 수거를 요청해보세요.

(판매자는 무상으로 폐전자 제품을 수거하는 것이
법적 의무이기 때문에 부담 없이 꼭 요청하기!)

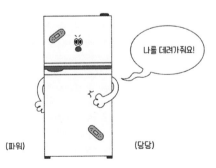

2. 중고 거래 이용하기

고장 나지 않은 멀쩡한 전자 제품을
내 돈 주고 버리기는 너무 아깝지 않나요?
돈도 벌 겸, 필요한 사람에게 되팔아요.

[거래 중] 에어프라이기 판매합니다
20,000원

거래 가능한가요?
오전 10:00

네~ 판매 중입니다 :)
오전 10:10

스크래치나 고장난 곳 없이 멀쩡해요!
오전 10:10

3. 무상 방문 수거 요청하기

무상 방문 수거 서비스는 직접 집으로
방문하여 폐전자 제품을 수거해 가는 서비스예요.

(폐전자 제품의 불법적인 처리를 사전에 차단할 수 있고
온실가스 감축 효과도 기대할 수 있답니다.)

네~ 여보세요?
방문 수거 요청하려고요!

소형 폐전자 제품도 수거 서비스를 받을 수 있나요?

소형 폐전자 제품은 단일 수거가 불가능해요.
하지만 5개 이상 모으면 수거 서비스 이용이 가능한데요.
5개 미만은 주민 센터로 문의하여 처리해주세요.

서비스 예약은 간단해요.
희망 배출일 하루 전 저녁 6시 이후에 일정이 확정되고,
방문 기사님의 인적 사항이 문자로 전송돼요.
전화로도 예약이 가능하니 참고해주세요!

1단계
약관 동의

2단계
기본 정보
입력

3단계
배출 품목
입력

4단계
예약 완료

📞 1599 - 0903
(무상 방문 수거 서비스 전화번호)

전화로도 예약이 가능해요.

날카로운 유리는 어떻게?

얼마 전 쓰레기를 버리려던 찰나
저 멀리 구석에 있는 봉투가 눈에 띄었어요.

(수상하게 생김)

음...? 저게 뭐지?

??

이상함을 감지

064

버려져 있는 종량제 봉투 사이로 유리 조각이
튀어나와 있었지만 아무런 경고 메시지도 없었죠.

불연성 폐기물을 낱개로 버릴 때 대부분 종량제 봉투에 버리죠.
쓰레기를 수거하는 환경미화원분들을 생각해서라도
누구도 다치지 않게 꽁꽁 싸매서 버려야 해요.

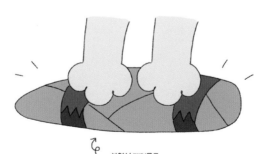

불연성 폐기물류
깨진 도자기, 머그컵, 유리, 칼, 거울,
내열 식기, 뚝배기, 화분, 벽돌 등

아니면 '불연성 종량제 봉투'에 담아 버려야 하는데,
그 부분에 대한 대처가 미흡해 안타까웠어요.

꼭 불연성 종량제 봉투에 버리기!
철물점과 생활용품 가게, 할인 마트 등에서 판매해요.

급한 대로 날카로운 부분을 막아 대처를 했지만
또 이런 일이 발생할 수 있기 때문에 경고문을
붙여 모두가 볼 수 있도록 대처를 했답니다.

(사부작)

(사부작)

종량제 봉투에 불연성 폐기물이
들어 있다면 안내문은 필수!

불연성 폐기물을 버릴 때는
신문지나 박스로 두껍게
꽁꽁 싸서 버려주시고,
꼭! 메모도 함께 남겨주세요.

가능하면 불연성 종량제 봉투에
담아 배출해주세요!

화장실 휴지를 버리는
최선의 방법은?

'휴지는 휴지통에', '휴지는 변기에', 어떤 말이 맞을까요?
공중화장실 등에 관한 법률에 따르면
'공중화장실에는 휴지통을 배치하면 안 된다'고 합니다.
(악취, 해충을 막고, 화장실을 청결하게 하자는 취지로 2018년부터 시작되었다.)

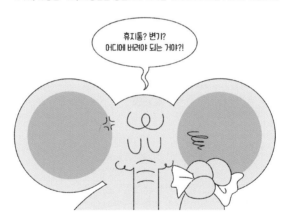

068

휴지에는 여러 용도가 있죠. 그중 화장실용 휴지는
생산할 때부터 변기에 버릴 목적으로 만들어졌기 때문에
물에 잘 풀어지고 잘 녹아요.

화장실용 휴지를 사용했는데도 변기가 막히는 경우가 있죠?
아래 세 가지 사항에 포함되어 있지 않았나 확인해보세요!

1. 한꺼번에 많은 양의 휴지를 버리지 말아주세요.

2. 10년 이상 된 건물 화장실은 정화조와
배관이 멀어 변기가 막히기 쉬워요.

3. 물의 흐름이 원활하지 않을 경우 변기가 막힐 수 있어요.

많은 양의 휴지를 변기에 버리면 안 돼요.
정화조 탱크에서 휴지를 분해하는 과정에서 휴지에 포함된
화학 물질이 유기물 분해 과정을 방해할 수 있어요.

너무 많은 양의 휴지는 금지!!
(변기가 힘들어해요!)

휴지

하지만 최근 들어 배관 개선, 휴지 품질 향상 등으로
변기가 막히는 문제가 개선되고 있다고 합니다.

(우리나라 건축물의 하수도 배관이 40~60mm에서
80~100mm 이상으로 커졌고, 정화조 청소도 의무화됐다.)

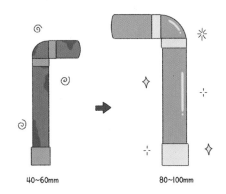

40~60mm   80~100mm

변기에는 화장실용 휴지만,
그리고 최소한의 휴지만 버리도록 노력해요!

공기 청정기 필터,
젤리형 제습제는 어떻게 버릴까?

안녕하세요!
함께 공유하고 싶은 내용이 있어서 둥코가 달려왔어요.

며칠 전 둥코에게 질문이 왔어요!
(스피드하게 OX 퀴즈 하러 GO GO!)

젤 타입 습기 제거제 분리수거 방법 알려주세요. 네이버에 검색해도 물이 차는 습기 제거제 분리수거 방법은 나오는데, 젤 타입은 안 나오더라고요. 지금 꽉 차서 분리수거해야 하는데 어찌해야 할지 모르겠네요.

안녕하세요.
제가 공기 청정기 필터를 교체하려고 하는데 혹시 이런 필터들은 일반 쓰레기일까요? 아니면 대형 쓰레기 신청을 해야 할까요?
검색해도 안 나오길래 문의드려요!

공기 청정기 필터는 일반 쓰레기다?

과연 정답은...?

정답은 O(일반 쓰레기)입니다!

필터는 재활용이 불가능하기 때문에 일반 쓰레기로 분류된다고 해요.
크기에 맞는 종량제 봉투를 사서 버려주시면 됩니다.
(20리터 봉투가 적당하다고 하니 참고해주세요.)

잠깐! 팁이 있어요.

지자체에 따라 소각용 / 매립용 종량제로 구분이 되기도 하는데요.
공기 청정기 필터는 땅에 묻어도 잘 썩지 않아 태워야 하기 때문에
구분되어 있는 봉투라면 '소각용'을 사용해야 합니다.

하지만 필터 종류도 여러 가지이기 때문에
마대에 따로 배출해야 하는 경우가 생길 수도 있습니다.
배출 방법이 애매할 때는 청소행정과 또는 동사무소에 문의한 후
배출해주시면 됩니다.

젤리형 제습제는 일반 쓰레기다?

과연 정답은...?

정답은 O(일반 쓰레기)입니다!

젤리형 제습제는 플라스틱 통에 담겨 있지 않고, 핫팩 같은 형태의
특수 부직포로 포장되어 있기 때문에 일반 쓰레기로 배출해주시면 됩니다.

잘 쓰는 것도 중요하지만 잘 버리는 것도 중요해요.
우리, 확실히 알고 실천해요!

이제부터
폐페트병 수입은 없다!

그동안 우리나라에서 폐페트병을
수입해왔다는 사실 알고 계셨나요?

페트병 분리수거
하러 가는 중

투명 페트병은 재활용 가치가 높은 자원임에도
유색 페트병과 일괄 배출되고 있어
투명 페트병만을 따로 선별하는 데 어려움이 있었어요.

투명 페페트병으로 가방, 의류 등 다양한 물건을 만들 수 있다.

이런 이유로 국내에서는 투명 페트병 수집이 어려워서
폐페트병을 10만 1,900톤이나 수입했어요.
이 중 일본산이 절반을 넘었어요. (2019년 전체 수입량)
(플라스틱 재생 섬유 생산을 위해 폐페트병이 필요해요.)

우리나라에서 재활용된 폐페트병 중
고품질로 재생된 양은 10%가 채 안 된다.

플 라 스 틱 류

하지만 2020년 12월 25일부터 투명 페트병만
따로 분리배출하는 '투명 페트병 별도 분리배출'이
시행돼서 새로운 변화가 기대됩니다.

(공동 주택은 2020년 12월 25일부터,
단독 주택은 2021년 12월 25일부터 의무화된다.)

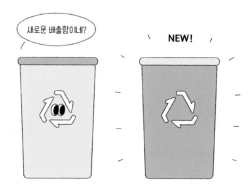

투명 페트병을 따로 모으면 기존 연 2.9만 톤의
세 배가 넘는 10만 톤의 재활용 원료를 확보할 수 있어,
경제적, 환경적으로 큰 도움이 될 것이라고 해요.

앞으로 투명 페트병은 투명 페트병 배출함에,
유색 페트병은 플라스틱함에 배출하자고요!
페트병은 아래와 같이 잘 버리도록 합시다!

1. 투명 페트병 내용물을 깨끗하게 세척해요.
2. 라벨은 촤-악 뜯어내요.
3. 페트병을 압축해 부피를 줄여요.

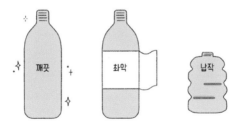

세계 환경의 날!

1972년 6월 스웨덴 스톡홀름에서 열린
'유엔인간환경회의'에서 환경 보호의 중요성을 알리고
환경 문제에 대한 국제 사회의 관심을 촉구하고자 하는
목적으로, 매년 6월 5일을 '세계 환경의 날'로 지정했어요.

(우리나라는 1996년부터 환경의 날을 기념하여 다양한 행사를 개최하고 있어요.)

매년 환경의 날에는 하나의 주제를 선정해,
환경 보전 행사를 실시하도록 권고하고 있어요.

2020년 주최국인 콜롬비아에서
선정된 주제는 '생물 다양성'이었습니다.
(생물 다양성은 모든 지구 생물 생태계의
다양성을 총칭하는 말이다.)

콜롬비아

인간의 활동과 기후 변화 등 다양한 이유로
피해를 받고 있는 지구의 모든 생물과 자연환경을
보존하는 것에 큰 의미를 두고 있어요.
(우리에게 식량, 물, 공기, 환경을 제공해줘서 고마워!)

붉은머리오목눈이(뱁새라고 불림)
(너무 귀여워서 생물 대표로 나옴.)

인간의 활동으로 인해 2010년에서 2015년 사이
3천 2백만 헥타르의 숲이 사라졌고,
지난 150년 동안 산호초가 반으로 줄어들었어요.

사라진 숲

줄어든 산호초

또한 야생 생물의 개체 수가 빠르게 줄어
멸종 위기에 처해 있는 동물들이 많아졌어요.

이러한 생물 다양성의 감소는 바이러스, 기상 이변 등
다양한 문제로 우리에게 돌아오게 되었죠.

자연에 의존하며 살아가고 있는 우리.
생물 다양성의 손실을 줄이기 위해, 자연을 중심으로 생각하며
행동하는 것이 우리에게 직면한 가장 큰 숙제가 아닐까요?

작은 행동을 하는 사람이 모이면
큰 힘을 만들 수 있으니까!

제로 웨이스트 실천기

중화요리가 너무 먹고 싶은 날이었어요.
단골 중국집이 있는데 그곳은 일회용기가 아닌
다회용기에 담아주는 곳이라 배달 음식임에도
큰 부담이 없었죠.

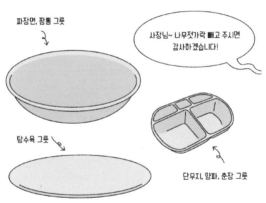

짜장면, 짬뽕 그릇

사장님~ 나무젓가락 빼고 주시면
감사하겠습니다!

탕수육 그릇

단무지, 양파, 춘장 그릇

하지만 코로나가 심해지면서 배달은 비대면으로 바뀌었고
철가방이 아닌 비닐에 음식이 담기게 되었어요.
(제로 웨이스트 도장 깨기를 계획하던 날이었답니다.)

비닐 두둥등장...!

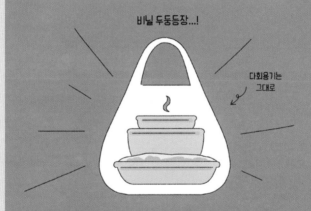

다회용기는
그대로

생각보다 크고 튼튼한 비닐을 재사용할 기회는 많았어요.

(비닐 사용을 최소한으로 줄이는 것이 가장 좋지만,
의도치 않게 생겼을 경우 다양하게 활용하는 것도 좋은 방법이에요.)

어쩌다 생긴 비닐...
아주 알차게 사용할 테다!!

장을 보러 가거나 물을 뜨러 갈 때,
분리배출할 때에도 꾸준히 사용했죠.

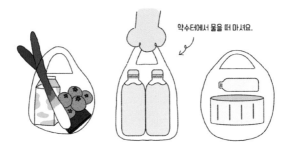

약수터에서 물을 떠 마셔요.

무거운 물통에도 탄탄하게 잘 버텼어요.

('그래서 잘 썩지 않는구나.' 하는 생각도 했죠.)

대충 묶어 주머니에 쏙 넣으면 휴대성도 좋고
여러 번 쓸 수 있어, 다양한 방면으로 잘 활용했답니다.

어쩔 수 없는 상황에 발생한 쓰레기를
하나의 대체품으로 사용하는 것 또한
제로 웨이스트를 향한 하나의 방법이죠!

3주 연속 들고
다니는 중

그래도 제일 좋은 습관은 비닐 사용량을 줄이고,
최대한 소비하지 않는 것이죠!

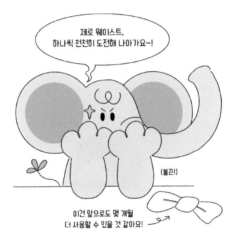

둥코의 제로 웨이스트 도장 깨기

Level 1.

SUCCESS!

비닐 재사용하기

Level 2.

마트 갈 때
장바구니 사용하기

Level 3.

플로깅 하기

Level 6.

다회용기에
테이크아웃하기

Level 5.

천연 세제 직접
만들어 사용하기

Level 4.

중고 거래
이용해보기

제 2 장

환경을 위해
조금만 신경 써보자

환경을 위한 자동차 에티켓

환경을 위한 자동차 에티켓!
운전하는 친구들은 제대로 실천하고 있나요?

뛰뛰빵빵~~
환경을 생각하는 운전!

1. 신호 대기 중 기어를 중립에 두기

신호 대기 중 기어를 중립으로 두면 연비를 절약하고,
대기 오염을 방지할 수 있어요.

(주변 미세 먼지 수치가 20% 정도 줄어드는 것으로 확인됐다.)

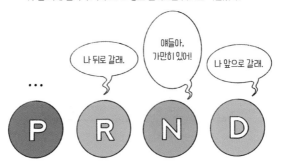

2. 자리를 잠깐 비울 때에도 시동을 끄기

공회전 상태는 연료를 낭비하는 안 좋은 습관 중 하나예요.
정상적인 주행으로 연소되는 것이 아닌 불완전한
연소라, 이산화탄소, 미세 먼지, 질소 산화물이
배출된다고 하니, 잠시라도 시동은 꼭 꺼주세요!

3. 자동차도 미니멀하게

차가 무거워질수록 사용되는 연료의 양도 많아져요.
불필요한 짐 10kg을 싣고 50km를 주행하면 80cc의
연료가 낭비돼요.

4. 한 달에 한 번 자동차 점검

최소 한 달에 한 번 에어클리너를 점검하고 엔진 오일,
배출 가스 관련 부품은 교환 주기를 준수해요.
에어클리너가 오염된 상태로 운전하면 차량 1대당
연간 약 90kg의 이산화탄소가 더 배출된대요.

5. 급가속, 급정거 금지!

급가속과 급정거는 연비 낭비의 주범이에요.
이 두 가지만 조심하면 연료를 14%나 아낄 수 있답니다.

(급출발을 10번 하면 약 100cc의 연료가 낭비된다.)

(출처: 대한민국 정책브리핑 '친환경 운전 10계명')

에너지 아끼고 마일리지 쌓자!

우리가 매일 사용하는
전기, 수도, 도시가스를 절약하면
마일리지나 포인트로 적립된다는 사실, 알고 계셨나요?

지금부터 소개할 제도는
'에코마일리지'와 '탄소포인트제'입니다.

생활 속 온실가스를 줄이도록
장려하기 위해서 온실가스 감축 실적에 따라
마일리지나 포인트를 지급하는 제도랍니다.

전기, 수도, 가스 아끼기

마일리지 or 포인트 지급

이 제도는 서울시에서 진행하는 '에코마일리지'와
서울 외 전국에서 진행하는 '탄소포인트제'로 구분돼요.

(두 제도는 명칭만 다를 뿐 운영 방식은 동일해요.
하지만 적용되는 인센티브 기준이 조금씩 다르답니다.)

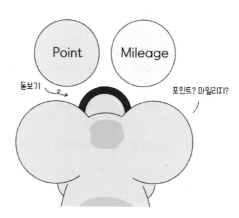

Point

Mileage

돋보기

포인트? 마일리지?

1. 에코마일리지

구분	5% 이상~10% 미만 절감	10% 이상~15% 미만 절감	15% 이상 절감
전기, 수도, 가스 중 전기를 필수로 최소 2개 이상	10,000 마일리지	30,000 마일리지	50,000 마일리지

2. 탄소포인트제

구분	5% 이상~10% 미만 절감	10% 이상~15% 미만 절감	15% 이상 절감
전기	20,000원	40,000원	60,000원
수도	3,000원	6,000원	8,000원
가스	12,000원	24,000원	32,000원

에너지 사용량은 6개월 주기로 집계하여
그 절감률에 따라 마일리지가 적립됩니다.
해당 마일리지는 다양하게 사용할 수 있습니다.

1. 마일리지 기부

2. 현금 전환 및 지방세 납부

3. 친환경 제품 구매

4. 카드 포인트 적립

5. 아파트 관리비 납부

가정에만 해당되는 제도인가요?

아니요. 가정은 물론, 상업 시설, 아파트,
학교, 일반 건물도 참여 가능해요.

가입할 때, 전기, 수도, 도시가스 요금이 관리비 고지서에
포함되어 있다면 별도의 고객 번호를 기입하지 않아도
되지만, 요금 고지서를 각각 수령하는 경우에는 고지서에
적혀 있는 고객 번호를 입력해야 돼요.

이사를 가거나 연락처, 계좌 번호 등이 바뀌었을 때는
수정을 해줘야 포인트를 지급받을 수 있으니
꼼꼼하게 확인해주세요!

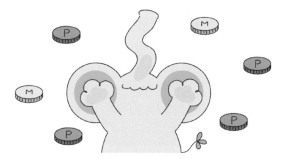

생활 에너지 아껴서
포인트, 마일리지 혜택 많이 받아야지!

혹시 아이스팩
수거보상제 들어봤니?

여러분! '아이스팩 수거보상제'에 대해 들어보셨나요?
(이미 경험해본 친구들도 있겠죠?)

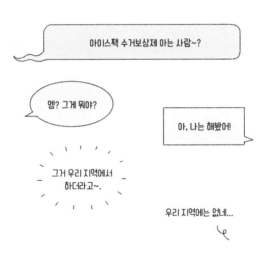

아이스팩을 줄이기 위해 환경부에서 실행한
'아이스팩 재사용 활성화를 위한 지침서'에 이어,
아이스팩을 종량제 봉투로 교환해주는
'아이스팩 수거보상제'를 시작한 지역이 있다고 합니다.

경기도 남양주시에서는 아이스팩 5개를 10리터 종량제 봉투와
교환해주는 아이스팩 수거보상제를 시행하고 있어요.
(실행한 지 두 달 만에 16만 개의 아이스팩을 수거했다고 해요.)

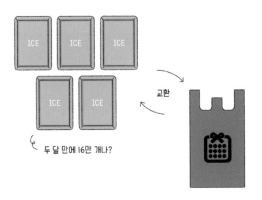

교환

두 달 만에 16만 개나?

깨끗한 아이스팩은 지역 업체에 나눠주고,
사용하지 못하는 아이스팩은 무게를 95%까지 줄여
환경 오염을 줄이는 방식으로 처리하고 있어요.

깨끗하게 소독 후
아이스팩을 사용하는 지역 업체에 지급

신문지에 아이스팩 내용물을
얇게 펴 말린 후 버림

앞으로 13개 대도시에서도 도입될 예정이라고 합니다!
(수원·성남·용인·부천·안양·안산·남양주·화성·포항·김해·전주·청주·천안,
2020년 11월 기준)

일부 아파트에는
아이스팩 수거함도 설치되었다고 해요.
너무 좋은 소식이네요!

2022년
돌아오는 일회용 컵 보증금제

필(必)환경 시대, 많은 사람들이 환경에 관심을 갖고
실천하기 시작했어요. 그럼에도 매년 늘어나는
일회용품 사용량은 어떻게 해결할 수 있을까요?

2022년에 아주 좋은 소식이 들려올 예정입니다!
바로 '일회용 컵 보증금제'가 돌아옵니다.

커피 전문점, 패스트푸드 업체에
사용한 일회용 컵을 반환하면
보증금을 돌려받을 수 있게 되었어요!

소비자가 일회용 컵을 소비할 때는 보증금을 지불하고,
사용한 컵을 반납하면 보증금을 돌려받을 수 있어요.

(판매자는 정부가 정한 보증금을 제품 가격에 반영하여 판매할 수 있고,
보증금 금액은 컵 제조 원가 등을 고려해 환경부령으로 정할 예정이라고 해요.)

이거 반환하러 왔어요!

환경부가
소비자 3,600여 명을
대상으로 실시한
인식 조사에 따르면,
소비자들은
보증금 금액으로
265원이 적당하다고
응답했어요.

일회용 컵 보증금제, 왜 다시 부활하게 되었나요?

2008년 일회용 컵 보증금제 폐지 이후 커피 소비량이
늘면서 일회용 컵 사용량이 급증했고, 길거리 쓰레기로
방치되는 등 환경 오염 문제를 일으키게 되면서
부활하게 되었어요.

손님~! 반환하실 거죠?!

글쎄요.
시간 봐서요!

일회용 컵 보증금제 실행 당시
반환하는 비율이 3분의 1에 불과했다.

일회용 컵 보증금제 도입 시 긍정적인 효과는?

1. 길거리 투기가 감소한다.

2. 일회용 컵을 한곳으로 모을 수 있다.

3. 소비자의 일회용 컵 사용 감소를 유도한다.

두 번의 실패는 없다!

1

보증금 반환 및 취소 수수료에 대한 업무를 전담하는
'자원순환보증금관리위원회' 설치 방안을 고려

보증금에 대한 체계적 관리, 미반환 보증금의 운용 관리가 가능

2

표준 용기처럼 일회용 컵들의 재질을 통일하는 방안

재질을 통일하면 재활용이 수월해짐

3

컵에 이력을 추적할 수 있는 바코드 등을 인식하는 방안

부정 수급을 방지하는 방안 등도 고려

건강과 환경 모두 챙기는
운동 같이할 사람~?

환경을 쉽고 재미있게 지키고 싶은 사람?

즐거운 마음으로 실천하고 싶은 사람?
조깅이나 산책을 좋아하는 사람?

남녀노소, 옆집 강아지와도 즐길 수 있는 환경 운동인
'플로깅'과 '비치코밍'을 소개할게요.

플로깅(Plogging)

플로깅은 '이삭을 줍는다'는 뜻의 스웨덴어 'plocka upp'와
영어의 '달리기'를 뜻하는 'jogging'의 합성어로,
달리면서 쓰레기를 줍는 행동을 말해요.

(아래의 도구를 사용해 마지막 분리수거까지 완벽하게!)

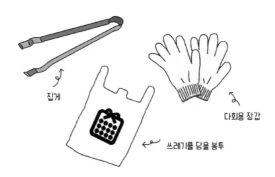

집게

쓰레기를 담을 봉투

다회용 장갑

비치코밍(Beachcombing)

비치코밍은 '해변'을 뜻하는 'beach'와 빗질을 뜻하는 'combing'의
합성어로, 해변을 빗질하듯 바다에 표류하다
해변으로 밀려온 물건이나 쓰레기를 줍는 행동을 말해요.

(비치코밍으로 주운 유리나 조개껍질을 이용해 업사이클링 제품을
만들면 환경 보호와 재미 두 가지를 모두 챙길 수 있어요.)

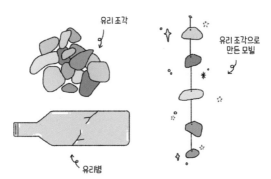

유리 조각

유리 조각으로
만든 모빌

유리병

내가 좋아하는 공간을 지나가거나
바다 여행을 갔을 때, 눈앞에 보이는 쓰레기를 줍는
행위만으로 환경 운동가가 될 수 있어요.
(쓰레기를 줍는 행위가 스쿼트와 비슷해 일반 조깅보다
운동 효과가 좋다고 해요.)

웃~파.

잠시 앉았다 일어나는
자세가 스쿼트와 비슷하다.

사람이 없는 시간대에 마스크 착용을 꼭 하고,
플로깅과 비치코밍, 꼭 실천해봐요!

주운 쓰레기는 분리수거 척척!

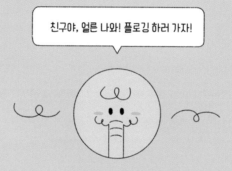

자취 필수템 즉석밥,
재활용이 안 된다고?

자취하거나 즉석밥을 애용하는 친구들은
지금까지 즉석밥 그릇을 어떻게 처리하고 있었나요?

음... 깨끗하게 씻고 말려서
분리수거했는데요??

↖ 즉석밥 그릇

그런데 말입니다?
즉석밥 그릇은 재활용이 안 된다고 합니다.

OTHER

두 개 이상의 플라스틱 재질이 복합된 복합 재질이거나
플라스틱에 다른 재질이 섞여 있어,
다른 제품으로 재탄생시키는 '물질 재활용'이 불가능하다.

OTHER는 물질 재활용이 안 되지만
에너지 재활용은 가능해요. 단, 즉석밥은 예외라고 합니다.
EPR(생산자책임재활용제도)* 때문인데요.

*재활용이 가능한 폐기물의 일정량 이상을 재활용하도록
생산자에게 의무를 부여하는 제도.

그릇 대신 포장된 비닐만 태워도 생산자에 할당된
의무량이 채워져 굳이 그릇까지 선별하지 않는다고 해요.

2019년 말 기준
누적 매출 3조 원

누적 판매량
30억 개

한 줄로 이으면 지구를 10바퀴가량 돌 수 있는 양이다!

재활용 쓰레기 선별업체와
생산기업은 이렇게 말했어요.

재활용 쓰레기 선별업체

즉석밥 그릇은 일반 쓰레기봉투에 버리는 것이
경제적이에요.

생산기업

플라스틱 용기를 얇게 만들면서 계속 감량을
시켜왔지만, 더 감량하면 품질 문제가
발생할 수 있어요. 중장기적으로는 재활용된
플라스틱을 사용하는 방안도 고민 중입니다.

(출처: "햇반, 너마저...", 《한겨레》, 2020년 11월 26일)

분리배출의 체계와 기업의 변화도 중요하지만,
우리도 환경을 위해 일상의 편리함을 줄여보는
연습을 해보는 건 어떨까요?

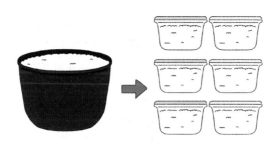

소분해서 냉동하면 그때그때 꺼내 먹기 좋고, 쓰레기도 줄일 수 있어요!

반짝이지 않아도 즐거운 크리스마스

친구들! 지난 크리스마스 어떻게 보냈나요?
크리스마스트리와 연말 분위기의
인테리어를 보면 괜히 엄청 설레는데요.

DOONGCO

특히 크리스마스에는 따뜻한 조명과
반짝이 제품이 필수 아이템이죠.

하지만 작년 영국 크리스마스는
덜 반짝였다고 해요.

"자체 브랜드에서 판매하는
카드, 포장지, 선물 상자, 꽃 장식 등
크리스마스 상품에서 글리터(반짝이)를 완전히 없애겠다."

"크리스마스 상품에서 반짝이를 퇴출하겠다."

영국의 대형 유통 체인 모리슨 / 웨이트로즈 / 존 루이스

대형 유통 체인에서 이런 파격적인
결정을 한 이유는 무엇이었을까요?

음? 반짝이를 퇴출시킨다고?

이유는 바로 '환경을 보호하기 위해서'였습니다.

반짝이 제품을 줄이면 크리스마스
시즌 동안 약 50만 톤의 플라스틱을
절감할 수 있어요. - 모리슨 -

세계자연기금에 따르면
연간 800만 톤 이상의
플라스틱 폐기물이 해양으로
유출된다고 합니다.

특히, 작은 입자로 이루어진 '반짝이'는 인위적으로
만들어진 미세 플라스틱으로, 강과 해변, 해양 생물에게
피해를 고스란히 입히게 됩니다.

바다로 흘러간 미세 플라스틱

어쩌면 우리의
식탁에도...?

연말 장식의 필수템 반짝이가
환경에 안 좋은 영향을 끼칠 수 있다니...!
개인의 노력과 단체의 행동으로 더 나은 지구를 만들어봐요.

넷OOO 모닥불 보면서
연말을 즐기는 중

타닥

타닥

고기 없는 월요일

육식이 지구 온난화에 어떤 영향을 미칠까요?
유엔 보고서에 따르면,
소 한 마리가 하루에 배출하는 메탄가스의 양은 600리터,
전 세계 약 220억 마리의 가축이
전 세계의 온실가스의 18%를 만들어내고 있대요.
(소가 되새김질, 소화하는 과정에서 방귀와 트림으로 배출된다.)

이는 교통수단에서 발생하는 온실가스 13%보다
많은 양인데요. 메탄보다 이산화탄소가
대기 중에 훨씬 많은 것은 사실이지만,
메탄은 이산화탄소보다 84배나 강력합니다.

전문가들은 기후 위기 상황에서 개인이
노력할 수 있는 방법은 식생활이며,
일주일에 한 번 채식할 것을 권장하고 있어요.

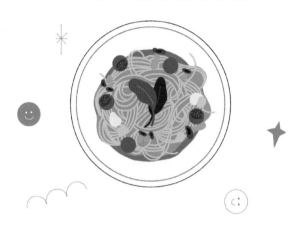

1주일에 1채식을 잘 보여주는 사례인
고기 없는 월요일, 'Meat Free Monday*'를 아시나요?

* 일주일에 한 번 고기 섭취를 하지 않음으로써
육류 소비량 감소를 지향하는 운동.

폴 매카트니가
2009년 12월 벨기에 기후변화
토론회에서 '고기 없는 월요일'을
제안하며 시작되었어요.

지구를 위해 할 수 있는 가장 쉽고, 간단한 방법인데요.
월요일만이라도 고기 없는 하루를 보내는 건 어떨까요?

1,800명의 인원이 일주일에 한 번 채식하면

30년 된 소나무 7만 그루를 심는 효과를 볼 수 있다고 해요!

2020년 여름, 해충이 습격했다!

2020년 여름은 해충과의 전쟁이라고 할 정도로 엄청난
수의 매미나방과 대벌레 등의 습격이 있었어요.

전문가들은 2019년 겨울의 이상 고온으로 해충의 알과
유충이 얼어 죽지 않아서 2020년에 개체 수가
폭발적으로 늘어난 것으로 보고 있어요.

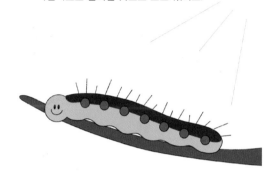

유충의 개체 수는 급격히 늘어났는데 천적들은
그만큼의 활동량을 따라가지 못한 것도 원인이라고 해요.

그로 인해 2020년 여름,
엄청난 피해를 입게 됐죠.

개체 수 폭발!

대벌레는 한 마리가 600~700개의 알을 낳는데
월동하면서 대부분 폐사하지만, 기후 변화로 인해
대량 부화가 일어났어요. 그에 비해 상대적으로
천적의 개체 수는 줄면서 골치 아픈 일이 생긴 거예요.

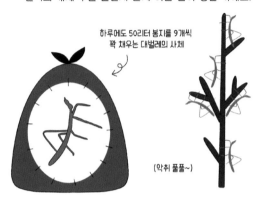

하루에도 50리터 봉지를 9개씩
꽉 채우는 대벌레의 사체

(악취 풀풀~)

불빛을 좋아해 도심까지 활동 영역을 넓힌 매미나방은
가로등, 나무, 건물 벽 등 장소를 가리지 않고
개체 수를 늘려나갔어요.

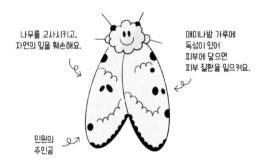

나무를 고사시키고,
자연의 잎을 훼손해요.

매미나방 가루에
독성이 있어
피부에 닿으면
피부 질환을 일으켜요.

민원의
주인공

살충제를 뿌리면 나비, 벌과 같은 천적들까지 죽게 되니
장대로 직접 긁어내든가 포충기를 설치해
물리적인 방법으로 개체 수를 줄여야 했답니다.

이외에도 메뚜기 떼, 시베리아 폭염,
알프스의 분홍색 빙하 등 전 세계에서 기후 변화로 인한
이상 현상이 빈번하게 일어나고 있어요.
지구가 보내는 위험 신호는 아닐까요?

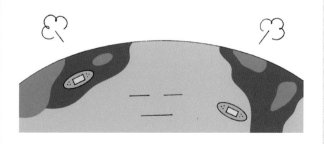

제로 웨이스트 실천기

제로 웨이스트를 실천하기 가장 쉽고
좋은 방법은 장바구니를 이용하는 것이 아닐까요?

하지만 여전히 비닐봉지를 소비하는 사람들이 많아요.

(그린피스 보고서에 따르면 국내에서 한 해 동안 사용된 비닐봉지는
235억 개, 46만 9천200톤이라고 합니다.)

둥코도 깜박하고 장바구니를 챙기지 못했을 때에는
잠시 고민을 하다 결국에는 물건은 끌어안고
집으로 향한 적도 많았어요.

친구와 이런 일화를 얘기하다 미니 장바구니를 추천받았어요.
제로 웨이스트를 일상화하기 위해 꼭 필요한 아이템!
(장바구니는 무조건 큰 것만 들고 다니던 둥코.)

둥코야, 큰 거 말고
작은 거를 들고 다녀봐.

!?

미니 장바구니

언제 어디서든 들고 다닐 수 있는 미니 장바구니로
실용성과 제로 웨이스트 모두 만족하게 된 둥코랍니다.

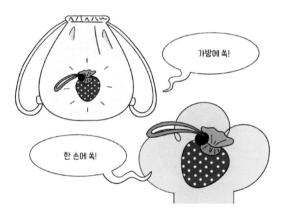

가방에 쏙!

한 손에 쏙!

제로 웨이스트를 처음 시작하는 친구들!
일상에서 장바구니를 사용하는 것만으로도
필요 없는 쓰레기를 줄일 수 있어요. 장바구니의
일상화, 둥코와 함께해요!

〜 동코의 제로 웨이스트 도장 깨기 〜

Level 1.

○ SUCCESS!

비닐 재사용하기

—

Level 2.

○ SUCCESS!

마트 갈 때
장바구니 사용하기

—

Level 3.

○

플로깅 하기

Level 6.

○

다회용기에
테이크아웃하기

—

Level 5.

○

천연 세제 직접
만들어 사용하기

—

Level 4.

○

중고 거래
이용해보기

제 3 장

쉽게 따라 할 수 있는
일상생활
꿀팁 대방출

내 텀블러는 소중하니까!

친구들은 텀블러를 어떻게 관리하고 있나요?
텀블러를 오래 사용하려면 관리와 세척이 정말 중요해요.
(텀블러를 사용하고 세척하지 않았을 때 세균 번식이 일어나요.)

어떻게 하면 텀블러를 잘 관리할 수 있을까요?
둥코가 텀블러 관리 꿀팁을 알려드릴게요!

1. 냄새나는 텀블러 관리하기

텀블러에서 냄새가 난다고요?
그럴 땐 베이킹 소다를 사용해보세요!

(베이킹 소다 1~2 큰 스푼을 넣고 뜨거운 물에
30분 정도 불린 후 깨끗하게 세척해주세요.)

2. 이물질 제거하기 1

뜨거운 물에 식초 2~3 방울을 넣고 10~20분 정도
살균 소독을 해요. 구연산 반 스푼과 뜨거운 물을 넣고
1시간 정도 기다린 후 세척하면 이물질 제거에 도움이 돼요.

3. 이물질 제거하기 2

달걀 껍데기는 주로 탄산 칼슘으로 이루어져 있어요.
잘게 부순 달걀 껍데기를 소량의 세제, 물과 함께 섞어
흔들어주면 물때와 이물질이 쉽게 제거돼요.

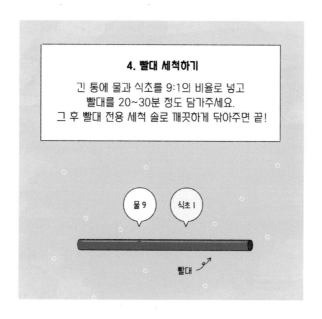

4. 빨대 세척하기

긴 통에 물과 식초를 9:1의 비율로 넣고
빨대를 20~30분 정도 담가주세요.
그 후 빨대 전용 세척 솔로 깨끗하게 닦아주면 끝!

물 9

식초 1

빨대

5. 완벽하게 건조하기

아무리 잘 세척해도 대충 말리면 말짱 도루묵!
젖어 있는 상태에서 뚜껑을 그대로 덮으면 세균 번식이
일어나니 항상 완벽하게 말려주세요.

햇살도 따뜻하고~
텀블러도 깨끗하고~.

커피컵 홀더,
그냥 버리면 너무 아깝잖아?

친구들은 커피컵 홀더를 어떻게 처리하나요?

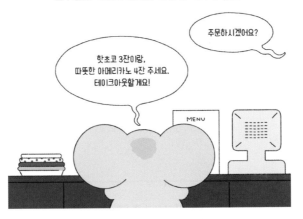

146

종이 홀더는 물기에 젖지 않도록 코팅이 되어 있죠.
그런데 코팅된 종이 홀더는 분리수거가 안 된대요.

(코팅을 벗겨내고 골판지만 따로 종이류에 버리는 방법도 있어요.)

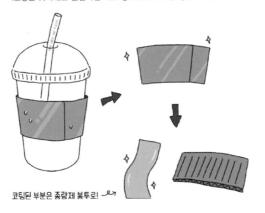

코팅된 부분은 종량제 봉투로!

게다가 시즌에 맞춰 컵 홀더의 디자인도 바뀌니
한 번 쓰고 버리기는 너무 아깝다는 생각이 들어요.

겨울 시즌 컵 홀더

여름 시즌 컵 홀더

특히 단체로 음료를 시킬 경우엔 버려지는 컵 홀더가 상당하죠.
너무 아까운 컵 홀더, 어떻게 재사용할 수 있을까요?

1. 냄비 받침으로 활용하기

4~5개의 홀더를 준비한 후 서로 겹쳐주면 끝!
접착제 없이 홀더로만 냄비 받침을 만들 수 있어요.
(단단한 고정을 원하면 목공 풀을 발라주세요.)

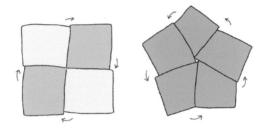

화살표 방향대로 홀더 구멍에 넣어 고정해주세요.
다른 디자인의 홀더 여러 개를 함께 사용하면 화려한 냄비 받침이 완성돼요!

2. 부츠 목을 고정시키자!

가을, 겨울은 부츠의 계절이죠!
부츠 목이 접혀 구겨지지 않게 단단히 고정시켜줘요.

단단!

3. 모자 각 잡아주기

컵 홀더 접착면을 떼어내 길게 편 후
모자 앞부분 안쪽에 넣으면 각을 살려 보관할 수 있어요.

반듯

4. 양말, 속옷 케이스

이쁜 디자인의 홀더와 어울리는
양말, 속옷을 접어 쏘옥 넣어보세요.
(특히 두꺼운 겨울 양말이나 스타킹을 보관하기 좋아요.)

홀더에 어울리는 양말을 고르는 재미가 있지요.

너무 쉬운 과일망 재사용법

지난 설날,
코로나로 지역 간 이동을 조심해야 했기 때문에
만나지 못하는 아쉬운 마음을 명절 선물로 대신했는데요.

얘들아, 이번 설에는 영상 통화로 만나자꾸나!

-OO시 부모님 일동-

이번 설은 괜히 쓸쓸하네...

명절 선물하면 빼놓을 수 없는 과일 세트!
과일을 보호하는 과일망은 재활용이 안 된다는 사실,
알고 계셨나요?

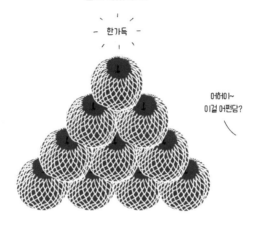

하지만 걱정은 노노!
둥코가 과일망을 재사용하는 꿀팁을 알려드릴게요.

1. 기름 묻은 그릇 설거지하기

이왕 버릴 거 알차게 쓰고 버려요!
과일망에 세제를 묻혀 기름과 양념이 묻은 그릇을 닦아요.

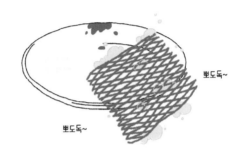

뽀도독~

뽀도독~

2. 깨지기 쉬운 유리 감싸기

과일망을 잘라 넓게 편 후 그릇 사이사이에 넣어주세요.
유리컵은 하나씩 감싸서 보관해주세요.

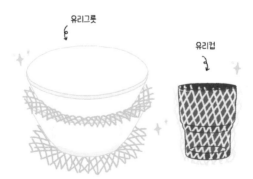

유리그릇

유리컵

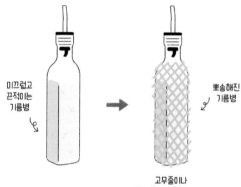

3. 기름병 케이스

끈적끈적~ 오일병, 참기름병에 옷을 입혀주세요.
이제는 손에 기름을 묻히지 않고 뽀송뽀송하게 사용할 수 있어요!

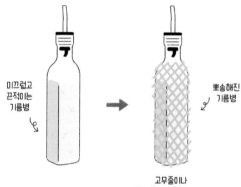

미끄럽고
끈적이는
기름병

뽀송해진
기름병

고무줄이나
실로 묶어 고정해주세요!

4. 얇은 여름옷 자국 없이 보관하기

얇고 가는 옷걸이 어깨 부분에 과일망을 덮어
도톰하게 만들면, 얇은 옷이나 여름옷을
자국이 남지 않게 보관할 수 있어요.

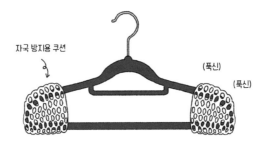

자국 방지용 쿠션

(푹신)

(푹신)

5. 장판 보호하기

의자 다리나 책장 등 무게감이 있는 가구는 장판에
자국을 낼 수 있어요. 과일망을 살포시 접어 밑에
깔아두면 쿠션 역할을 해줄 거예요!

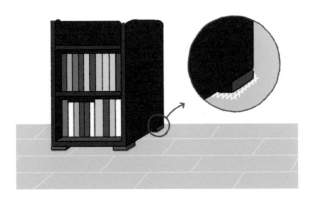

밀가루 하나로
대청소 끝내기!

밀가루로 환경을 지킬 수 있다면 믿으시겠습니까?
누구나 따라 할 수 있는 환경 보호 청소 꿀팁!
둥코가 알려드릴게요.

밀가루는 유통 기한이 지난 후에도
약 1년 정도 더 사용할 수 있어요.
하지만 소비 기한마저 지났다면, 여기 집중해주세요!
세제로 사용하는 방법이 있답니다.

인터넷에서 찾아보고 해봤는데 효과 만점!

밀가루에는 지방 성분이 1.5% 정도 함유되어 있어
기름때 제거에 효과적이라고 해요.

1. 기름 묻은 주방용품 닦기

기름이 묻은 주방용품에 밀가루를 뿌리고
손으로 살살 문지른 후 밀가루를 털어내거나
물로 헹구면 기름기를 제거할 수 있어요.

밀가루를 뿌리면
덩어리가 진다!

2. 신발 세탁하기

밀가루와 물을 1:5 비율로 섞어서 끓인 후 식히면 완성!

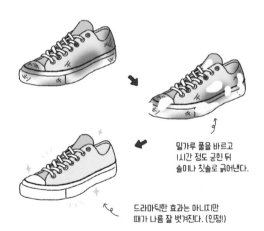

밀가루 풀을 바르고
1시간 정도 굳힌 뒤
솔이나 칫솔로 긁어낸다.

드라마틱한 효과는 아니지만
때가 나름 잘 벗겨진다. (인정!)

3. 남은 밀가루 풀로 욕실 청소까지

운동화를 세탁하고 남은 밀가루 풀을 욕실 바닥에 바른 후
칫솔이나 솔로 닦아주면 틈에 낀 때를 제거할 수 있어요.

밀가루 풀

물때가 밀가루 속 녹말에
착! 달라붙어서 그런가
깨끗해지는군!

쓱싹

쓱싹

4. 이거 반찬 냄새까지 확 잡아주네?

잘 안 빠지는 반찬통 냄새가 걱정이라고요?
남은 밀가루 풀을 냄새나는 반찬통에 넣고 한 시간 정도 기다린 뒤
씻어내면 밀가루의 강한 흡착력이 냄새를 싹 제거해줄 거예요.

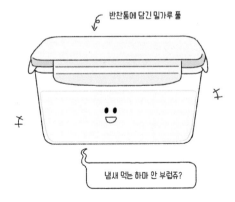

반찬통에 담긴 밀가루 풀

냄새 먹는 하마 안 부럽쥬?

5. 주방 청소하기(feat. 먹다 남은 맥주)

기름때를 먹어주는 밀가루와 기름때를 녹여주는
맥주가 만나 주방을 깨끗하게 만들어요.
밀가루와 맥주를 1:1 비율로 섞어 밀가루 세제를 만들어주세요.

기름때 없앨 준비됐나~~?

가스레인지, 후드, 타일 등의 기름때를
제거하는 데도 효과적이에요.

※ 뒤처리 주의 사항

사용하고 남은 밀가루 풀을 그대로 하수구로 흘려 보내면
수질 오염 문제가 생길 수 있어요. 신문지나 키친타월에 흡수시키거나
밀가루 반죽으로 만들어서 일반 쓰레기에 버려야 합니다!

냉장고 속 재료는
언제까지 보관이 가능할까?

냉장고를 정리할 때 이런 생각이 든 적 있지 않나요?

냉장 보관되어 버려지는 음식물 쓰레기는
대부분 소비 기한*이 지났거나 보관이 소홀한 탓이에요.

* 소비 기한: 식품을 개봉하지 않은 상태에서 먹어도
문제가 생기지 않는 최종 기한을 의미.

환경부에 따르면,
전국에서 발생하는 음식물 쓰레기는
하루 평균 1만 5,680톤 안팎으로,
1년에는 570만 톤의 음식물 쓰레기가 버려진다.

음식물 쓰레기의 70%는
가정과 소형 음식점에서 나온다고 한다.

식재료가 음식물 쓰레기가 되지 않게
잘 보관하는 방법과 소비 기한을 체크해봐요!

우리 잊은 거 아니지?

〈 야채 편 〉

소비 기한은 절대적인 것이 아니라
보관 상태에 따라 달라진다는 점 잊지 마세요!

버섯

물기 없이 밑동을 잘라낸
버섯은 1개월 정도
냉동 보관이 가능해요.

대파

물기를 제거하고 신문지로
돌돌 말거나 밀봉 후
냉장 보관 시 10일 정도
보관이 가능해요.

가지

냉장 보관 시 밀봉 후
5일을 넘지 않는 것이 좋아요.

애호박

물기 없이 밀봉 후
냉장 보관을 하고, 5~7일을
넘지 않는 것이 좋아요.

깐 양파

깐 양파는 물기 없이 밀봉 후
냉장 보관을 하고, 4일을
넘기지 않는 것이 좋아요.

* 키친타월로 하나씩 싸서 밀봉하면
  좀 더 오랫동안 보관할 수 있어요.

〈 유통 기한 지난 미개봉 식품 편 〉

우유
냉장 보관 **45일**

요거트
냉장 보관 **10일**

요구르트
냉장 보관 **20일**

치즈
냉장 보관 **70일**

달걀
냉장 보관 **25일**

두부
냉장 보관
90일

참치캔
유통 기한 이후
10년

라면
유통 기한 이후 **8개월**
단, 맛이 변질될 수 있다.

식빵
밀봉 후
냉장 보관 **20일**

냉동 만두
유통 기한 이후
1년 이상

참기름
실온 **2년**

식용유
실온 **5년**

고추장
실온 **2년**

소금, 설탕, 식초, 꿀, 메이플시럽, 인스턴트커피,
옥수수 전분은 반영구적으로 보관이 가능해요.

재료에 개봉한 날짜를 적고, 소비 기한에 맞춰 사용해요!
우리 모두 음식물 쓰레기가 나오지 않게 노력해봐요!

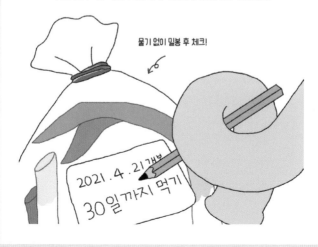

세제 없이
빨래 냄새 제거하기

장마철 제일 큰 걱정은 실내 곰팡이와 세균 번식이죠.
특히 빨래를 할 때 그 걱정은 더 커지는데요.

여름 빨래 제일
까다롭고 귀찮아!

하필 회색 티를
입은 둥코

168

특히 오랫동안 청소하지 않은 세탁조에는
변기 안쪽보다 100배나 많은 세균이 살고 있대요.
(세탁조에 생긴 곰팡이가 빨래 쉰내의 원인이 될 수 있답니다.)

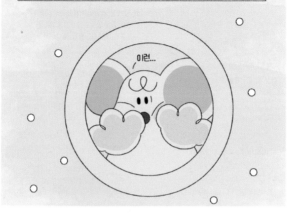

잘 말리는 것도 중요하지만 세탁기 관리도 필수!
둥코와 함께 환경과 인체에 무해한 천연 재료로
세탁기 관리를 해볼까요?

1. 과탄산소다로 세탁조를 깨끗하게

친환경 세제로 잘 알려져 있는 과탄산소다를 이용해
세탁조 안에 낀 잔여물과 악취를 깨끗하게 제거할 수 있어요.

500g

한 달에 한 번 세탁조에 과탄산소다와
뜨거운 물을 넣고 2~3시간 불려준 뒤
표준 세탁 모드로 돌려주세요.

뜨거운 물
가득

2. 식초 사용하기

식초는 살균 효과에 탁월하다고 하죠. 과탄산소다로 곰팡내와
잔여물을 없앤 후, 식초를 적신 타월로 세탁조를 닦으면
살균 효과가 있어 쉰 냄새까지 제거된다고 해요.

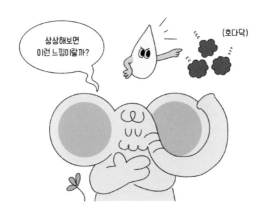

상상해보면
이런 느낌이랄까?

(호다닥)

3. 보송하게 잘 말리기

장마철에는 빨래의 간격을 넓히고,
신문지를 사이에 같이 널면 빨래가 빠르게 건조될 거예요.
(신문지가 빨래의 수분을 흡수해준답니다.)

천연 세제 레시피

화학 성분이 들어간 세제는 인체와
환경에 좋지 않은 영향을 미치죠.
둥코가 환경을 지키는 천연 세제 레시피를 소개할게요!

천연 세제
제조 중

1. 백식초 천연 세제

물과 백식초를 1:1 비율로 분무기나 통에 넣고 섞어주세요.
(발효 없이 바로 사용할 수 있답니다.)

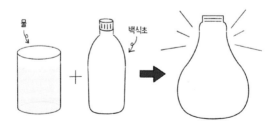

물   백식초

TIP. 식초 향이 너무 강하면 에센셜 오일을 8~10 방울 넣어주세요.

백식초 천연 세제, 어떤 효과가 있나요?

백식초는 기름때와 물때 등 묵은 때를 제거하는 데
도움이 돼요. 화장실, 주방, 공구나 부품의 녹을
제거하거나 거울을 닦을 때 사용하기 좋아요.

단, 견목재 바닥, 석조 표면, 전자 제품, 프라이팬은 피해주세요.

2. 흑설탕 천연 세제

쌀뜨물 1.5리터에 흑설탕 1컵, 천일염 1컵을
넣어 섞어준 뒤, 뚜껑을 닫고
2주 동안 서늘한 실온에 발효시켜요.

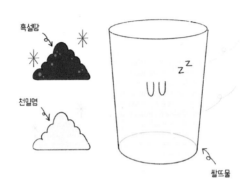

흑설탕

천일염

쌀뜨물

완성된 발효액과 주방 세제를 9:1의 비율로 섞고,
분무기에 담으면 완성!

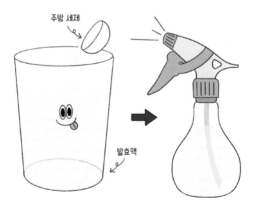

주방 세제

발효액

TIP. 분무기에 넣어 사용하면 손에 묻지 않고, 오래 보관이 가능해요.

흑설탕 천연 세제, 어떤 효과가 있나요?

기름때와 찌든 때 제거에 효과가 있고
주방 세제로 사용하기 좋아요.
식초의 시큼한 냄새가 꺼려지는 분들에게
안성맞춤인 세제랍니다!

3. 오렌지 천연 세제

베이킹 소다 또는 식초로 세척한 오렌지 껍질을
잘게 자른 후 소주와 함께 통에 넣고 일주일간
숙성을 시켜주세요.

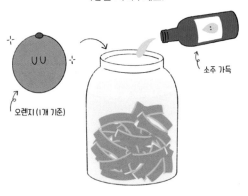

오렌지 (1개 기준)

소주 가득

오렌지 천연 세제, 어떤 효과가 있나요?

오렌지 껍질에는 유기산 성분과
섬유소가 풍부하기 때문에 기름기를 제거하기 좋아요.
표백제 역할도 할 수 있어요.

유기산→오염 물질을 녹여준다.   섬유소→기름 입자를 흡착한다.

계란 껍데기,
활용도가 꽤 높네?

둥코는 최근 간장 계란밥에 푹 빠져 일주일 내내
그것만 먹은 적이 있어요.

또 먹고 싶어!

쓰레기통에 계란 껍데기가 수북이 쌓여갈 때쯤
계란 껍데기를 다양하게 활용해보고 싶어서
여러 방법을 찾아봤어요.

음... 저걸 어떻게
활용하지?

1. 계란 껍데기를 햇볕에 말린 후, 흙과 함께
섞어 방울토마토 심기

계란껍데기가 부패하면서
칼슘이 분비돼
토마토가 잘 자란대요!

토마토 새싹

2. 욕실에 낀 물때 청소하기

3. 입구가 좁은 텀블러 세척하기

(껍데기 크기는 2~3cm²가 적당해요. 세정 효과 업!)

3가지 방법으로 계란 껍데기 처리 완료!

아이스팩도 재활용할 수 있다고?

냉동실을 꽉 채운 아이스팩,
어떻게 처리하고 계신가요?

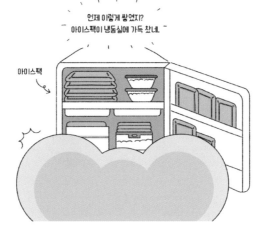

언제 이렇게 쌓였지?
아이스팩이 냉동실에 가득 찼네.

아이스팩

아이스팩은 재활용이 되지 않아서 일반 쓰레기로
버려야 하기 때문에 양이 많아지면 신경이 쓰일 수밖에 없죠.

(아이스팩의 내용물은 나일론, 폴리에틸렌으로 구성되어 있는
고흡수성 폴리머로, 하수구나 변기에 버려서는 안 된다.)

그냥 버리기 아까웠던 아이스팩,
집에서 잘 활용하는 방법을 둥코가 알려드릴게요.

1. 디퓨저로 사용하기

아이스팩의 내용물인 고흡수성 폴리머는 물과 냄새를
빠르게 흡수하는 특성이 있기 때문에
방향제로 사용하기 적합해요.

좋아하는 향을
첨가해보세요!

화장실과 주방에 놓고 사용했는데 아주 좋았어요!

2. 모기 기피제

공병에 아이스팩 내용물과 레몬그라스 오일 또는
시트로넬라 오일을 3~4 방울 넣고 물을 조금
넣어주면 모기 기피제 완성!

여기만 오면 힘이 빠지네.
얼른 돌아가야겠다...!

모기 기피제 완성!

(위이잉~)

(위이잉~)

3. 반려 식물에게 수분을!

화분에 물을 충분히 준 뒤 아이스팩 내용물을 흙 위에
살포시 얹으면 물을 주지 않아도 일주일 동안
촉촉함이 유지돼요.

4. 핫팩으로 재사용하기

실온 상태에서 녹은 아이스팩을 전자레인지 또는
뜨거운 물에 2분 내로 데워주세요.

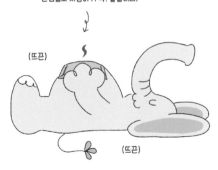

유통 기한 지난 화장품 활용법

나름 부지런히 쓴다고 썼는데 유통 기한이 지나서
버려야 되는 아까운 화장품들이 하나씩 있지 않나요?

어떻게 하면 남은 내용물을
현명하게 재사용할 수 있을까요?

종류	기간
가루형 화장품	1 ~ 3년 이내
액체형 화장품	1년 이내
자외선 차단제	6개월 ~ 1년 이내
마스카라, 아이라이너	6개월 이내
틴트, 립스틱, 립글로스	6개월 ~ 1년 이내

1. 로션

로션에 흑설탕을 섞은 후
몸에 부드럽게 문질러주면 각질 제거의 효과가 있어요.
얼굴에 사용하고 싶다면 로션의 양을 늘리면 됩니다.

로션 7 : 흑설탕 3의 비율이
바디 스크럽으로 최고네.

(보들~)   (보들~)

2. 크림

촉촉한 크림을 상한 머리끝에 골고루 발라주세요.
크림의 보습력이 단백질과 수분을 잡아주기 때문에
머릿결 손상을 보호할 수 있답니다.

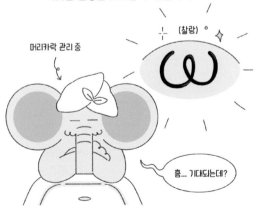

(찰랑)

머리카락 관리 중

흠... 기대되는데?

3. 립스틱

립스틱은 은의 녹을 제거하고, 광택을 내는 데
엄청난 효과가 있다는 사실!

마른 헝겊에 립스틱을 묻혀
녹슨 은을 닦아주세요.

립스틱에는 왁스나 오일이
70% 정도 함유되어 있어요.

4. 자외선 차단제

스티커, 테이프 자국을 깔끔하게 제거하고 싶다면
자외선 차단제를 사용해보세요!

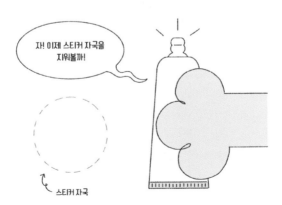

자! 이제 스티커 자국을
지워볼까!

스티커 자국

환경 영화 추천, 두 번 추천!

계속되는 집콕에 지친 친구들을 위해
둥코가 환경 영화를 추천해드릴까 해요.

애니메이션, 다큐멘터리, SF 영화까지
온 가족이 함께 볼 수 있게 준비해봤답니다!

다른 친구들에게
추천받은 영화까지
모아봤어요.

1. 비포 더 플러드 96분/ 다큐멘터리

환경 운동가이자 배우인 레오나르도 디카프리오가 전 세계가
직면한 기후 변화를 생생하게 보여주는 다큐멘터리예요.
버락 오바마, UN 사무총장, 테슬라 CEO 등
여러 리더를 만나고, 세계 각국의 환경 보호 활동을 조망하죠.

여러분이 이 지구의 마지막이자
최고의 희망입니다. 지구를 지켜주십시오.
그렇지 않으면 우리와 우리가 사랑하는
모든 것은 역사 속으로 사라질 것입니다.
- 비포 더 플러드 중 -

2. 월-E 104분/ 애니메이션, SF, 가족

식물, 동물, 인간이 살 수 없는 지구에는 인간이 남긴 쓰레기를
치우는 로봇 월-E가 살고 있어요. 지구의 상태를 확인하러 온
지구 탐사 로봇 '이브'를 만나게 되고, 두 로봇은
인간을 지구로 돌아오게 하기 위해 우주로 떠나요.
과연 월-E와 인간은 다시 지구로 돌아올 수 있을까요?

난 생존이 아니라 생활을 하고 싶다고!
- 월-E 중 -

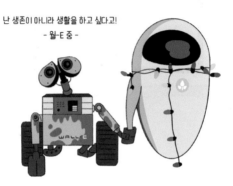

3. 투모로우 123분/ 액션, 드라마, SF, 스릴러

급격한 지구 온난화로 인해 남극, 북극의 빙하가 녹고 바닷물이
차가워지면서 해류의 흐름이 바뀌어 지구는 또 한 번의
빙하기를 겪게 돼요. 지구 온난화에 대한
경각심을 일깨워주고, 자원을 소비하는 것에
당연함은 없다는 것을 말해주는 영화예요.

저렇게 깨끗한 지구 본 적 있나?
- 투모로우 중 -

4. 노 임팩트 맨 92분/ 다큐멘터리

작가 겸 환경 운동가인 콜린은 가족과 함께 1년 동안 환경에
무해한 삶을 사는 프로젝트를 진행해요. 지역 농산물만 먹고
전기와 일회용품을 사용하지 않는 콜린과 가족들!
과연 그들은 1년간의 프로젝트를 무사히 성공시킬 수 있을까요?

제로 웨이스트를 실천, 또는 시작하려는 친구들에게
추천하는 영화입니다!

5. 다크 워터스 127분/ 드라마

'다크 워터스'는 듀폰의 독성 폐기물 유출 사건을 다룬 실화
바탕의 영화예요. 독성 물질인 테프론으로 인해 젖소 190마리가
떼죽음을 당하고, 기형과 중증 환자들까지 생겨나요.
이런 독성 물질이 프라이팬, 콘텍트렌즈, 유아용 매트 등에
사용된 것을 알면서도 40년간 묵인한 듀폰의 만행을 알게 된
이 영화의 주인공 롭 빌럿이 모든 것을 걸고 싸우게 됩니다.

제로 웨이스트 실천기

둥코는 평소에 러닝을 즐겨하는 편이에요.
동네를 크게 돌기 때문에 간단한 차림으로 나서죠.

(헛둘)

(헛둘)

초반에는 달리기에 정신이 없어
주변을 살피지 못했는데
(러닝에 진심인 편.)

힘든 것밖에
생각이 안 남

헥헥

시간이 지날수록 길거리의 쓰레기들이 눈에 밟혔고
그냥 지나칠 수 없다는 생각이 들었어요.

러닝을 하면서 쓰레기를 줍기로 한 어느 날이었어요.
봉지와 목장갑을 주머니에 넣고 다니며
보이는 쓰레기를 줍기 시작했고

생각보다 많은 양의 쓰레기를 모았어요.

1위

3위

2위

무심코 지나쳤던 길, 봉지 하나를
꽉 채우는 쓰레기에 많은 생각이 든 하루였어요.

친구들이 플로깅을 하며
가장 많이 주운 쓰레기는 무엇이고,
어떤 생각이 들었나요?

둥코의 제로 웨이스트 도장 깨기

Level 1.
SUCCESS!
비닐 재사용하기

Level 2.
SUCCESS!
마트 갈 때
장바구니 사용하기

Level 3.
SUCCESS!
플로깅 하기

Level 4.
중고 거래
이용해보기

Level 5.
천연 세제 직접
만들어 사용하기

Level 6.
다회용기에
테이크아웃하기

재활용품의
화려한 컴백!

재활용 가치가 높은 커피박

저는 커피를 좋아해요.
그중에서도 아메리카노를 제일 좋아하죠.

흐음~ 향기 좋아~.

지이이잉~

그래서 집에서도 마시고, 카페에 가서도 마시는데요.
커피를 추출하고 나오는 커피 찌꺼기 보신 적 있으신가요?
이것을 '커피박'이라고 부른대요.
(커피를 추출할 때 원두는 0.2%만 사용되고, 나머지 99.8%는 버려진다.)

99.8% 버려짐

0.2% 사용

현재 커피박은 생활 폐기물로 분류되어,
다른 폐기물과 함께 매립되거나 소각 처리되고 있어요.

커피박을 땅에 매립할 경우
온실가스인 메탄이 발생하는데, 이산화탄소의 34배나 되는
온실 효과를 일으킨다고 해요.

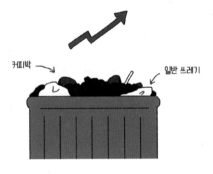

커피박

일반 쓰레기

하지만 커피박은 재활용 가치가 높은 자원이에요.

해외에서는 커피박을 활용해
숯, 펠릿(고형 연료), 바이오디젤 등 에너지 원료로 사용해요.
(스위스는 우체국 등을 활용해 커피박을 수거해 에너지 생산 기관에 공급하고,
커피 제조사는 커피박을 펠릿으로 제조해 에너지로 활용하고 있다.)

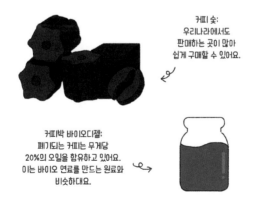

커피 숯:
우리나라에서도
판매하는 곳이 많아
쉽게 구매할 수 있어요.

커피박 바이오디젤:
폐기되는 커피는 무게당
20%의 오일을 함유하고 있어요.
이는 바이오 연료를 만드는 원료와
비슷하대요.

우리나라에서도 커피박을 이용해 제품을
만드는 곳이 있어요. 연필, 화분, 벽돌, 점토 등
다양한 업사이클링 제품이 탄생돼요.

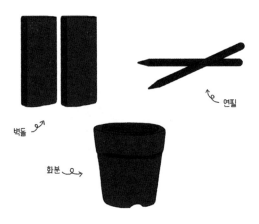

연필

벽돌

화분

커피박을 소각·매립하지 않고
에너지 원료나 업사이클링 제품으로 활용한다면
약 180억 원의 비용 절감 효과와 메탄 발생을
줄일 수 있을 것이라고 전문가들은 말해요.
(한국의 원두 소비량은 2018년 기준 약 15만 톤 규모)

그래도 다양한 방법으로
활용되고 있어 다행이야!

현재 우리나라에는 '커피박 재자원화 프로젝트'가 있어요.
인천시에서 커피박 수거 참여 카페의 커피박을
수거해 간다고 해요. 앞으로도 이렇게 좋은 프로젝트가
활발하게 시행되었으면 좋겠네요!

(참여 카페는 커피박 재자원화 프로젝트 사이트에 자세히 나와 있어요.)

호텔 비누의 재탄생

솝 사이클링(Soap Cycling)을 소개합니다!

아시아 지역 호텔 등에서 폐기하는 비누를 기부받아 이를
재가공한 후 소외된 지역에 배포함으로써, 취약 계층의 위생과
관련된 질병을 예방하는 활동을 진행하는 단체입니다.

솝 사이클링은
코로나19 대유행의 영향을 받은
사람들에게 위생 교육과
도움을 제공하기 위해
애쓰는 중이에요.

솝 사이클링 비누

홍콩의 호텔에서는 매년 2백만 개 이상의 비누가
버려진다고 해요. 정말 어마어마한 양이죠!

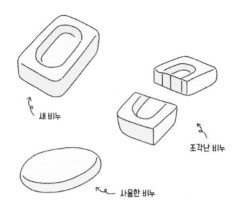

← 새 비누

조각난 비누 ↖

← 사용한 비누

숍 사이클링은 아동 사망률 감소에 특히 중점을 두고,
소외된 지역의 위생을 개선하는 것을 목표로 하고 있어요.

재사용되는 비누인지라 찝찝함이 있을 수도 있는데요.
위생만큼은 걱정하지 않으셔도 됩니다!

(비누는 높은 pH*를 유지하고, 세정 성분이 세균을 억제하기
때문에 세균이 생기기 어렵다고 해요.)

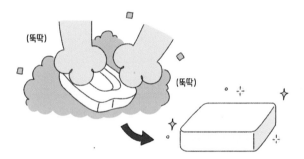

(뚝딱)

(뚝딱)

208

솝 사이클링은 사용된 비누를 긁어내어 이물질을 깔끔하게
제거하기 때문에 위생에 걱정 없이 사용할 수 있어요.

* pH: 물의 산성이나 알칼리성의 정도를 나타내는 수치.
  순수한 물의 pH인 7을 기준으로 pH 값이 7보다 작은 용액을
  산성 용액, 7보다 큰 용액을 염기성 용액이라고 한다.

솝 사이클링은 올해 지금까지 3,500kg 이상의 비누,
28,000개 이상의 마스크, 30,000개 이상의 손 소독제를
아시아 5개 국가 및 지역에 제공했다고 해요.

손 씻기가 중요해진 시대적 상황에 딱 맞는,
정말 가치 있는 활동이네요.

솝 사이클링 비누

바다의 골칫거리, 서핑 보드가 되다!

여름의 최고 인기 스포츠인 서핑.
많은 사람들이 서핑에 관심을 갖기 시작하면서
바다를 찾는 수강생들이 늘어났어요.

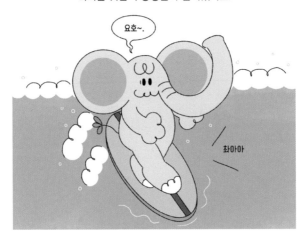

직접 바다에 들어가 보드를 타다가 바다 쓰레기의
심각성을 온몸으로 느끼게 된 사람들도 늘어나고 있죠.

(레베카 길모어라는 서퍼는 서핑 보드 주위에 둥둥 떠다니는 수많은 폐비닐과
플라스틱 쓰레기를 건져 올리는 영상으로 바다 오염의 심각성을 알렸어요.)

유엔환경계획(UNEP)에 따르면,
매해 최소 8백만 톤의 플라스틱이 바다로 유입되고,
10만여 마리의 해양 포유동물이 죽어간다고 해요.

(매년 버려지는 폐어구는 64만 톤에 달하고,
이는 전체 해양 폐기물의 약 10%에 해당하는 수치이다.)

이 골칫거리 어망을 업사이클링하는 곳이 있다고 합니다.
(에너지 및 자원 솔루션 개발 글로벌 기업인
DSM 엔지니어링 머티리얼즈 코리아는 고성능 재활용 플라스틱
'아쿨론 리퍼포스드'를 국내에 론칭했어요.)

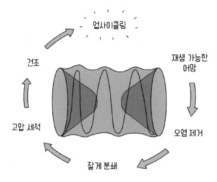

업사이클링

건조

재생 가능한
어망

고압 세척

오염 제거

잘게 분쇄

실제로 세계적인 서핑 보드 브랜드인 스타보드는
가벼우면서 견고한 고성능 서핑 보드 부품을 제작하기 위해
아쿨론 리퍼포스드를 소재로 활용하고 있다고 해요.

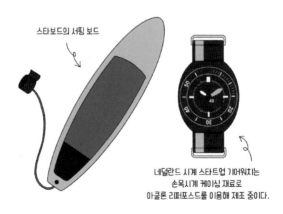

스타보드의 서핑 보드

네덜란드 시계 스타트업 기어워치는
손목시계 케이싱 재료로
아쿨론 리퍼포스드를 이용해 제조 중이다.

바다 쓰레기를 활용한
다양한 업사이클링 제품을 보니
깨끗한 바다를 향해 한 걸음 나아간 것 같아요.

깨끗한 바다를 위해!
건강한 지구를 위해!

폐플라스틱을 낚아 가구를 만든다?

네덜란드 암스테르담에는 물고기가 아닌 플라스틱을
낚시하는 프로그램이 있어요.

네덜란드의 친환경 기업인 플라스틱 웨일이
운영하는 운하 크루즈인데요.
관광객들은 폐플라스틱으로 만든 보트에 타서
운하 주위를 돌며 물속에서 플라스틱병 등을 건져 올리는
일종의 '낚시'를 즐겨요.

지속 가능한
환경 보호
활동

재미있는
경험

관광객의
환경보호
참여

Plastic Whale

플라스틱 웨일은 관광객들이 건져 올린 플라스틱으로
사무용 가구나 아름다운 보트를 만들어요.

플라스틱 웨일은 네덜란드의 가구 회사인 Vepa와
협력하여 수집한 페플라스틱병을 가구의 소재로 활용하여,
고래를 모티브로 한 사무용 책상, 의자, 조명,
스피커 등을 제작하였어요.

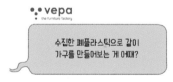

그런데 왜 '고래'를 모티브로 가구를 제작한 걸까요?

플라스틱과 바다 쓰레기는 고래가 직면한 가장 큰 위협 중 하나예요.
고래 사체가 해안가로 떠밀려 오는 경우가 있는데, 부패된 고래의
배 속을 가르니 밧줄, 플라스틱, 비닐 등 바다 쓰레기
수십 킬로그램이 소화도 되지 않고 쌓여 있었어요.
바다 쓰레기로 인해 죽음을 맞이했던 것이죠.

독특한 고래의 피부나
골격을 모티브로 제작했어요.

1. 고래 회의실 테이블

테이블 상단에 대한 영감은 독특한 분수공과
우아한 라인을 가진 고래입니다.
테이블 다리는 고래의 당당한 골격을 연상시킵니다.

고래의 전체적인 형태

고래 뼈대

2. 고래 꼬리 의자

의자의 모양은 고래 꼬리의 장엄한 형태를 반영합니다.
주철 프레임은 자체 공장에서 재활용된 강철 폐기물로 만들어졌어요.

고래 꼬리

폐기물을 재활용

3. 따개비 램프

고래의 피부에 살고 있는 따개비를 모티브로 만든 램프예요.
에너지 사용을 최소화하기 위해 LED 필라멘트 전구를 사용합니다.

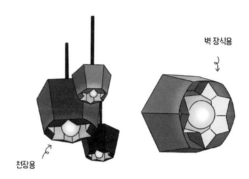

벽 장식용

천장용

4. 고래 어쿠스틱 판넬

고래 목에 있는 주름을 모티브로 제작되었어요.
완전히 압축된 재활용 PET 펠트로 만들어졌답니다.

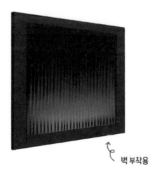

벽 부착용

재활용품의 화려한 컴백! 5

지속 가능한 건물,
컨테이너 업사이클링

업사이클링(Upcycling)은 재활용품에 디자인을
새롭게 추가하거나 활용도를 더해 그 가치를 높여서,
기존과 다른 제품으로 재탄생시키는 것을 말해요.

(주로 제품이나 액세서리에 한정되어 있지만, 버려진
컨테이너를 사용해 힙해진 업사이클링 건축물들도 있답니다.)

야, 너도 힙해질 수 있어!

정말? 나도?

컨테이너를 사용하는 게 왜 업사이클링인가요?

컨테이너는 주로 화물을 수송하는 데 쓰이는 금속 상자예요.
하지만 컨테이너가 수명을 다하면 산업 폐기물로
버려지게 되면서 환경 오염에도 영향을 미치게 돼요.
이런 폐컨테이너를 건축물로 재탄생시키기 때문에
업사이클링에 속한답니다.

폐컨테이너를 활용해
건축물을 만들어 경제성과 실용성은 물론,
환경까지 지킨 업사이클링 건축물을 소개해드릴게요.
GO! GO!

1. 프라이탁 플래그십 스토어, 스위스

트럭 덮개천과 안전벨트 등 산업 폐기물을 가방, 지갑으로
재탄생시키는 업사이클링계의 인싸, 프라이탁이에요.

버려진 화물 컨테이너를 쌓아 올려
프라이탁의 정체성이 담긴
업사이클링 건축물이 완성되었어요.

2. 대학교 기숙사, 프랑스

프랑스 건축회사 Cattini Architects가 컨테이너로 만든
기숙사에요. 일반 기숙사에 비해 시공비가 낮아
학생들에게 저렴하게 공급할 수 있어,
경제적인 면에서도 매력적인 건축물이죠.

책장   화장실   출입구

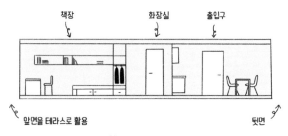

앞면을 테라스로 활용   뒷면

컨테이너 기숙사 내부 도면

3. 스타벅스, 대만

29개의 컨테이너로 이루어진 건축물이에요.
이러한 컨테이너 배열은 더 높은 공간을 만들고,
구조물 내 다양한 채광창을 제공하는 데 도움이 됩니다.

(이곳은 아시아의 첫 번째 컨테이너 건축물이지만
미국에는 45개의 컨테이너 스토어가 있다고 합니다.)

스타벅스는 2025년까지 전 세계 매장 가운데
1만 개 매장을 '지속 가능' 매장으로 탈바꿈하겠다고 발표했다.

4. SJ쿤스트할레/ 커먼그라운드/ 언더스탠드에비뉴, 한국

한국의 컨테이너 건축물 SJ쿤스트할레는 28개 폐컨테이너로
구성된, 젊은 예술가들이 활동할 수 있는 공간이에요.

(SJ쿤스트할레를 시작으로 건대 커먼그라운드,
서울숲 언더스탠드에비뉴 등 다양한 폐컨테이너 복합 공간이 생겨났어요.)

sJ.KUNSTHALLE

분리수거함에서 새롭게 재탄생!

폐기물은 어떻게 재탄생될까요?

국내에서 버려지는 쓰레기 종량제 봉투 폐기물 중 70%는
재활용품으로 분리배출할 수 있는 자원이라는 사실!

그 전에! 재활용품을 분리배출할 때는

1. 용기 안의 내용물을 깨끗하게 비워주세요.

2. 없앨 수 있는 이물질은 헹구거나 닦아요.

3. 라벨, 뚜껑 등 분리할 수 있는 재질은 분리해요.

4. 알맞은 분리수거함에 배출해주세요.

1. 종이(폐지)

종이는 새 종이나 노트로 재탄생해요.

(영수증, 금은박지, 벽지, 부직포, 합성지는 종이가 아니에요.)

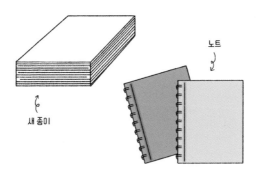

노트

새 종이

2. 우유팩

우유팩은 두루마리 휴지나 미용 티슈로 재탄생해요.

(잘 씻고 말려서 주민 센터나 한살림 매장에 가져가면,
종량제 봉투나 휴지 등으로 교환해준답니다.)

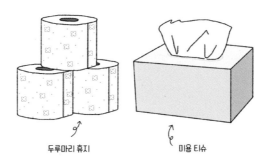

두루마리 휴지   미용 티슈

3. 금속 캔, 고철류

금속 캔, 고철류는 철근, 자동차 부품, 재활용 캔으로 재탄생해요.

(금속 캔을 재활용하면 에너지 절약과 환경 오염 물질의 저감 효과가 있어요.)

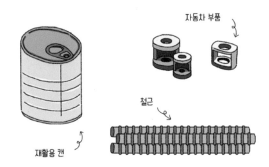

자동차 부품

철근

재활용 캔

4. 페트병

페트병은 부직포, 옷걸이, 와이어 등으로 재탄생해요.

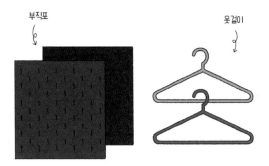

부직포

옷걸이

5. 플라스틱

플라스틱은 사출 제품, 건축용 자재로 재탄생해요.

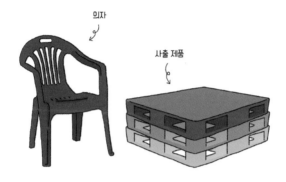

의자

사출 제품

6. 빈 병

빈 병은 유리병, 식기 또는 인테리어용인
유리 블록으로 재탄생해요.
(유리병이 깨지지 않도록 주의하여 배출해주세요.)

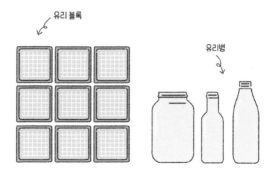

유리 블록

유리병

해양을 살리는 오션 보틀

매년 해양 플라스틱 쓰레기가 약 7만 톤 정도
발생하는 것으로 추정되는데, 이는 5톤 트럭
14,000대 분량의 엄청난 양입니다.

(출처: 해양수산부 '국가 해안쓰레기 모니터링사업')

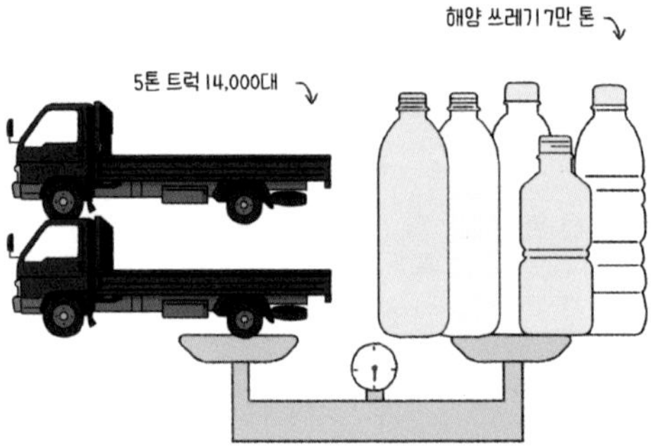

해양 쓰레기 7만 톤

5톤 트럭 14,000대

잘못된 경로로 버려져 해양 플라스틱이 발생하기도 하지만,
최대 80%는 전 세계 해안 지역 사회의
폐기물 관리 인프라가 부족하여 발생한다는 사실에
집중한 회사가 있어요.

오늘 소개할 영국의 회사 오션 보틀은
아이티, 필리핀, 인도네시아 등에
위치한 해안 지역 플라스틱 뱅크에서 재료에 필요한
플라스틱을 공급받아요.

오션 보틀과 계약을 맺은 4,300명 이상의 플라스틱 수집가가
해안의 플라스틱을 모아 플라스틱 뱅크에 공급하면
그 일에 대한 공정한 수익을 지불합니다.

(플라스틱 수집가의 대다수는 정부나
지방 자치 단체로부터 보호를 받지 못한다.)

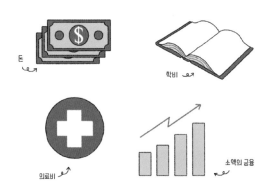

돈

학비

의료비

소액의 금융

그렇게 해서 오션 보틀이 수집한 플라스틱은
약 122만 8천 킬로그램. 이는 둥코(3.6톤) 341마리의 무게
또는 전 세계를 1.69번 돌 수 있는 양이에요.

내...내가 341마리나...?

하나의 오션 보틀을 구매하면
플라스틱병 1,000개를 다시 사오는 비용을
마련할 수 있습니다.

재생 플라스틱 →

- ● 숲
- ○ 돌
- ● 대양
- ○ 하늘
- ● 태양

오션 보틀의 목표는 2025년까지 70억 개의
플라스틱 병에 해당하는 8천만 킬로그램의 플라스틱을
수집하는 것! 환경과 경제를 모두 잡은 오션 보틀.
앞으로의 활동이 기대되네요!

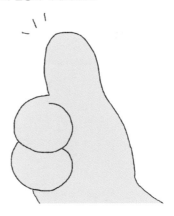

새로운 가치를 만드는 업사이클링

자원 순환을 돕고 디자인까지 이쁜
업사이클링! 친구들은 업사이클링 제품을
구매하거나 들어본 적 있나요?

업사이클링이란
버려지는 자원에 디자인을 더하거나 활용법을 바꿔
새로운 가치를 만들어내는 것을 의미한다고 했죠.

일회성으로 행사 기간이 끝나면
버려지는 현수막이나 포스터는 그 수가 어마어마한데요.

제1회 사내 체육대회

주로 나일론 천에 약품 처리 후 인쇄 제작되기 때문에
폐기 시 환경에 나쁜 영향을 주고 있어요.

약품이 묻어 있어 90%가 특수 폐기물로
소각 처리되고 있고, 썩지 않는 플라스틱보다
더 환경을 오염시키고 있대요.

일부 농촌에서 밭을 덮을 용도로 재활용하기도 하지만
이마저도 극소수이기 때문에 폐현수막, 포스터를
처리하는 데 많은 어려움이 있었어요.

폐현수막 재활용 예

하지만 어디에나 방법은 있는 법!
버려지는 자원을 활용해 새로운 디자인 제품으로
새활용되는 업사이클링 제품이 늘어나고 있어요.

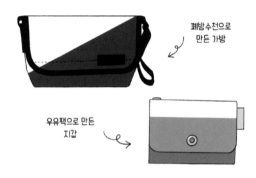

폐방수천으로
만든 가방

우유팩으로 만든
지갑

업사이클링 제품에 관심이 많은 둥코는
버려지는 자원이 세상에서 단 하나뿐인 제품으로
탄생되는 것에 큰 기쁨을 느끼고 있답니다!

하지만 이런 노력에도 아직 많은 자원이 버려지고 있어요.
환경 친화적인 제품들이
앞으로도 많이 나오길 둥코가 응원합니다.

제로 웨이스트 실천기

친구들은 중고 거래를 이용해본 적 있나요?
(세탁기, 옷장 등 여러 물건을 판매해본 판매왕 둥코.)

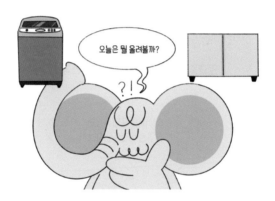

둥코는 제로 웨이스트를 도전하는 동안
필요한 물건과 필요하지 않은 물건을
구분하는 법을 배웠어요.

238

버리긴 아깝지만 그렇다고 갖고 있기엔
짐이 되는 물건을 중고 거래에 올렸더니
어떤 분에게 연락이 왔어요.

- 약속 당일 -

약속 당일 구매자분과 기분 좋게
거래를 하는데 뜻밖의 선물을 받게 되었어요!

중고 거래는 버려지지 않는다는 점에서
환경에 많은 도움을 주고 있어요.

동코의 제로 웨이스트 도장 깨기

Level 1.

비닐 재사용하기

Level 2.

마트 갈 때
장바구니 사용하기

Level 3.

플로깅 하기

Level 6.

다회용기에
테이크아웃하기

Level 5.

천연 세제 직접
만들어 사용하기

Level 4.

중고 거래
이용해보기

제 5 장

환경에 대해 미처
알지 못했던 사실들

아보카도의 치명적인 단점

아보카도는 다이어트, 피부 미용,
변비에 좋은 슈퍼푸드로 잘 알려져 있어요.
이렇게 훌륭한 아보카도가
환경 파괴범이라는 사실, 알고 계셨나요?

네? 제가요??

관세청에 따르면, 아보카도 수입액은 3,000만 달러로
최근 10년간 1458.3% 증가했어요.
수입 중량도 6,000톤으로 1115.5% 증가했답니다.
(2017년 기준)

전 세계적으로 폭발적인 인기를 누리고 있는 아보카도.
과연 환경에 어떤 문제가 되고 있을까요?

1. 많은 양의 이산화탄소 배출

아보카도 생산지 대부분이 남미 지역으로,
이동 과정에서 많은 양의 이산화탄소가 배출돼요.

(탄소 발자국 연구에 따르면 아보카도 한 개가 우리의 입으로
들어오기 직전까지 약 420g의 이산화탄소가 배출된다고 한다.)

2. 많은 양의 물 필요

아보카도 열매 하나를 키우는 데 320리터의 물이 필요해요.
이는 성인 160명이 하루에 마실 수 있는 물의 양이에요.

(토마토 한 개에 5리터, 오렌지 한 개에 22리터의 물이 필요한 것에 비하면,
정말 엄청난 양의 물이 소요된다는 것을 알 수 있어요.)

3. 화학 비료 사용

예민한 아보카도는 재배지의 토질과 온도에
큰 영향을 받아요. 그로 인해 많은 양의 농약과 살충제,
화학 비료가 사용되고 있어요.

슈퍼푸드 아보카도의 숨겨진 모습...
환경을 위해 아보카도 소비를 조금씩 줄여보는 건 어떨까요?

약을 잘못 버리면 독이 된다고?

친구들은 유통 기한이 지난 폐의약품,
어떻게 버리고 있나요?

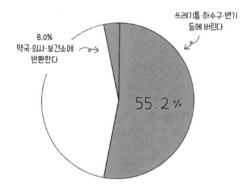

쓰레기통·하수구·변기
등에 버린다

8.0%
약국·의사·보건소에
반환한다

55.2%

248

(건강보험심사평가원이 성인 1,484명을 대상으로 실시한 설문 조사)

폐의약품은 유해 폐기물이기 때문에 일반 쓰레기나
음식물 쓰레기, 하수구를 통해 버리면 안 돼요.

> 잘못 배출된 폐의약품이 환경에
> 어떤 영향을 미치는지와 어떻게
> 버려야 할지에 대해 이야기해볼게요!

땅에 매립되거나 싱크대, 변기에 흘려 보낸 폐의약품은
수질과 토양을 오염시키고 생태계 교란을 일으켜요.

(하천에 흘러든 약품으로 인해 항생제 내성을 갖게 된 박테리아가
발견되었고, 수질 오염으로 인해 기형의 물고기들이 발견되고 있어요.)

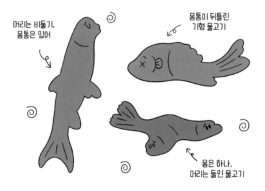

머리는 비둘기,
몸통은 잉어

몸통이 뒤틀린
기형 물고기

몸은 하나,
머리는 둘인 물고기

폐의약품, 어디에 어떻게 버려야 할까요?

폐의약품은 가까운 약국이나 보건소의 폐의약품 수거함에 배출해주세요. 해당 의약품은 생활 폐기물 처리 시설에서 1000도 이상으로 고온 소각 처리가 돼요.

* 폐의약품은 폐기물관리법상 질병, 환경 오염을 유발할 수 있는 '생활 유해 폐기물'로 규정되어, 생활 폐기물과 분리하여 소각됩니다.

폐의약품 종류별로 배출하는 방법

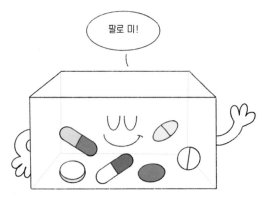

앞으로 주민 센터, 아파트 단지 등에
폐의약품 수거함이 생길 예정이라고 해요.

1. 알약

알약이 포장된 종이나 비닐, PTP 케이스는 따로 분리하고,
알약만 한곳에 모아서 배출한다.

2. 가루약

포장지는 버리고 가루만 모아서 배출한다.

3. 캡슐 약

캡슐 껍질은 따로 배출하고 내용물만 모아서 배출한다.

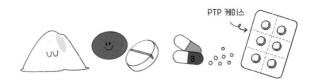

PTP 케이스

4. 액체 시럽약

액체 내용물은 한 병에 모아 새지 않도록 뚜껑을 꼭 잠근 후 배출한다.

5. 기타 약품

안약, 천식 흡입제, 연고 등 특수 용기에 보관된 약은 내용물을
무리하게 비우지 말고 그대로 전용 수거함에 배출한다.

6. 건강 기능 식품

수거 대상이 아님.

지자체는 100% 소각이 이루어지면 종량제 봉투에 버려도 문제가 없다는 입장인데요. 환경부 등 관련 기관은 소각을 하더라도 의약품은 별도 수거 조치가 필요하다는 입장이에요.

'친환경' 종이 아이스팩?

254

종이 아이스팩에 적혀 있는 '재활용으로 분리배출하세요'
라는 문구를 본 적 있으신가요?

종이 아이스팩이긴 한데 물에 젖지 않는다니, 신기하죠?
플라스틱의 일종인 '폴리에틸렌'이 코팅되어 있어서 젖지 않는대요.
그래서 사실 재활용이 어렵다고 합니다.
(종이 아이스팩을 물에 불리면 종이와 폴리에틸렌 비닐로 분리된다.)

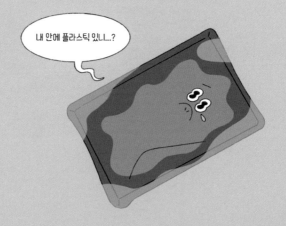

그렇다고 유통업체와 생산업체가 친환경이라는
거짓된 정보를 적어놓은 것은 아니에요.
(정부의 분리배출 기준을 따랐을 뿐.)

알고 계셨나요?

유통, 생산업체

실제 환경부 가이드라인에는
'단면 코팅된 종이는 종이로 분류된다'고 되어 있을 뿐,
폴리에틸렌 등의 성분 비중 제한은 규정되어 있지 않다.
(2020년 2월 기준)

그동안 친환경으로 알려져 있던 종이 아이스팩.
환경부는 이 문제를 인정하고, 단면 코팅된 종이를
성분 비중에 따라 종이 또는 생활 쓰레기로
세분하는 가이드라인을 만들겠다고 밝혔습니다!

응. 하지만
방법이 있을 거야!

나 이제 친환경 아니야?

종이라고 해서
다 같은 종이는 아니다

헷갈리기 쉬운 종이류와 종이팩, 무엇이 다른 걸까요?

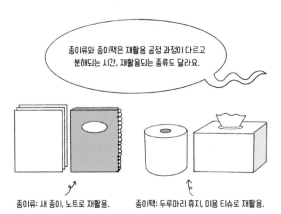

종이류: 새 종이, 노트로 재활용.   종이팩: 두루마리 휴지, 미용 티슈로 재활용.

1. 종이류

일반 종이, 공책, 신문, 코팅되지 않은 박스가 종이류에 해당돼요.
단, 종이류로 배출할 때는 이물질을 제거하고
젖지 않은 상태로 모아서 버려야 해요.

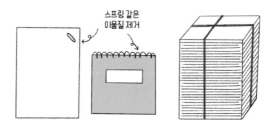

스프링 같은
이물질 제거

모든 종이류는 재활용이 가능한가요?

종이는 새 공책과 노트로
재활용 가능한 소중한 자원이지만,
모든 종이류가 재활용이 되는 건 아닙니다.
아래는 재활용이 불가능하니 종량제 봉투에 버려주세요.

영수증 / 벽지 / 금은박지 / 부직포 / 오염된 종이

사용한 휴지 / 기름 묻은 종이봉투

2. 종이팩·종이컵

종이팩 전용 수거함이 없는 경우에는
종이류와 구분할 수 있도록 가급적 끈 등으로 묶어
종이류 수거함에 배출해주세요.

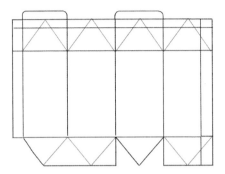

우유팩 모서리에 접착선 부분을 파악 뜯으면 우유팩 전개도가 나와요.

종이팩은 분리수거하면
어떤 경제적 효과가 있나요?

우리나라에서 배출되는 연간 약 7만 톤의 종이팩 중
70%가 재활용되지 못하고 있습니다.
이 종이팩만 재활용해도 연간 105억 원의
경제적 비용을 회수할 수 있다고 해요.

TIP. 한살림 매장을 이용하기

한살림 매장을 통해 회수된 우유팩과 멸균팩은
각각 별도의 처리 과정을 거쳐 우유팩은 재생 휴지로,
멸균팩은 핸드타월로 재활용됩니다.

멸균팩이랑
우유팩 골고루
모아 왔어요!

'우유팩 및 멸균팩 수거 사업'으로 절약한 종이만 해도
30년생 나무 520그루를 심은 효과라고 해요.

미세 플라스틱은
환경에 어떤 영향을 주는 걸까?

우리가 일상에서 편하게 사용하고 있는 플라스틱.
사람들은 왜 플라스틱이 환경에 나쁘다고 말하는 걸까요?

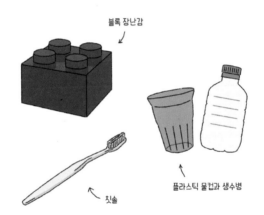

블록 장난감

칫솔

플라스틱 물컵과 생수병

종량제 봉투에 버려지는 쓰레기는 소각, 매립을 통해
없어지지만 플라스틱은 불에 타지도 썩지도 않아요.

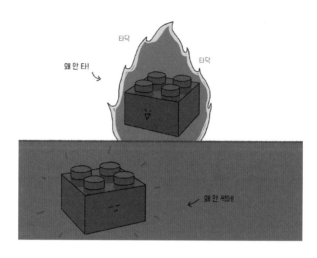

버려진 플라스틱은 이곳저곳을 떠돌며 잘게 부서지죠.
부피에 따라 바다에 뜨거나 가라앉는 미세 플라스틱은
해양 동물을 포함해 생태계에 작지 않은 영향을 미치게 돼요.

바람, 파도에 쓸려 더 잘게 부서진 미세 플라스틱은 바다, 해변,
해산물, 소금, 먼지에 섞여 결국 우리의 몸속으로 들어와요.

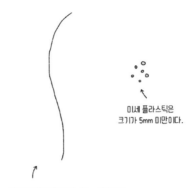

미세 플라스틱은
크기가 5mm 미만이다.

사람의 머리카락 두께는 0.1mm가량이다.

해양 생물이 흡수한 미세 플라스틱은 먹이 사슬을 타고
상위 포식자에게 유입된다고 해요.
환경 보호 단체 그린피스는 먹이 사슬의 계단을 타고
꼭대기까지 오른 미세 플라스틱이 인간의 밥상도
위협할 수 있다고 경고했어요.

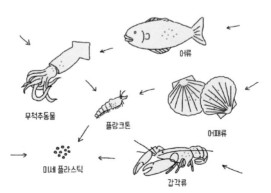

어류

무척추동물

플랑크톤

어패류

미세 플라스틱

갑각류

세계자연기금(WWF)에 따르면, 매주 평균 한 사람당
미세 플라스틱 2,000여 개를 섭취하고 있다고 해요.
이를 무게로 환산하면 5g 정도예요.

나도 모르게 먹고 있었던 거였어?

플라스틱을 줄이는 노력은 누구나 할 수 있어요.
가족과 친구와 함께 놀이처럼
첫 시작을 같이해보는 건 어떨까요?

동코의 제로 웨이스트 실천기를
보면 더 재미있고 쉽게 실천할 수 있어요!

(속닥)   (속닥)

에코백은 정말 친환경적일까?

친구들은 에코백 자주 들고 다니나요?
둥코는 집에 모아둔 에코백만 합쳐도 여러 개가 되는 것 같아요.

사은품

내돈내산

선물 받음

환경을 위해 만들어진 에코백이 오히려 환경에 악영향을
주고 있다는 아이러니한 사실, 알고 계셨나요?

아 진짜?

호
도
독

에코백은 목화로 만드는데, 목화를 재배할 때
상당한 양의 에너지와 토지, 바료 및 살충제가 필요해요.
게다가 제품화 과정에서 온실가스가 배출되고
물이 오염될 수 있어요.

유기농이 아닌 일반 목화 재배는
흙, 공기, 지하수를 오염시키는
화학 물질에 의존해 만들어진대요.

에코백 대부분이 천연 면화로 만들어지지 않는다.
합성 섬유를 섞거나, 심지어 나일론으로 만드는 경우도 많다.

더 큰 문제는 에코백의 남용인데요.
환경 마케팅 수단으로 프린트된 에코백이 무료 나눔 등으로
대량 생산되면서 에코백의 취지를 벗어나고 있어요.

(비닐을 대체하고, 재사용이 가능해 환경에 도움이 되지만,
남용은 오히려 환경에 악영향을 준다.)

안 쓰는 에코백을 의류 수거함에 넣으면 어떨까요?

안타깝게도 에코백은 효용 가치가 없어 재활용이 되지 않아요.
코로나로 해외 수출이 어려워지면서 의류 수거함을 운영하는
민간 업체가 관리를 소홀히 하거나 방치하는 문제까지 생겼어요.

(깨끗한 의류 및 에코백을 재사용하는 가게에
직접 기부하는 것이 제일 좋은 방법이에요.)

천을 모아서 재생시키면 어떨까요?

에코백에 사용되는 캔버스 천은 재생이 어려워요.
그래서 일반 쓰레기로 분류되어 소각·매립돼요.

에코백을 활용한 좋은 해결책이 없을까요?

에코백을 하나만 소지하는 것이 재사용을 위한 취지에 맞아요.

(영국 환경청에 따르면, 면으로 된 에코백은
무려 131번은 사용해야 일회용 비닐봉지보다 낫다는
연구 결과가 나왔다고 합니다.)

요즘은 플라스틱을 활용한 신소재로 에코백을 만들거나
버려진 소재를 에코백으로 업사이클링 하는 등,
쓰레기를 줄이기 위한 다양한 방법이 시도되고 있어요.

내가 에코백이 돼볼게! 얍!

에코백을 살까 말까 고민하는 친구에게
여분의 에코백을 나눠주는 건 어떨까요?

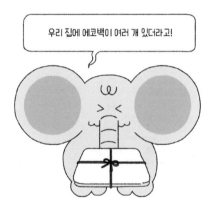

우리 집에 에코백이 여러 개 있더라고!

채식에도 유형이 있다?

월요일마다 채식하기를 꾸준히 지키고 있는
둥코에게 많은 사람들이 응원의 메시지를 보내왔답니다!
오늘은 채식의 유형에 대해 이야기해보려고 해요.

채식 유형 표

(비건 다음 단계인 프루테리언은 식물의 생명을 존중해
식물의 본체를 먹지 않고 씨앗과 열매만 먹어요.)

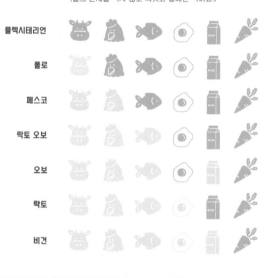

1. 플렉시테리언(Flexitarian)

주로 채식을 하지만 상황에 따라 고기나 생선 섭취.

> 오늘 회식 고깃집에서 한다던데
> 올 수 있어?

> 그래! 몇 시까지 가면 돼?

회식, 데이트 같은 외식 활동에서는 유연하게 고기를 섭취하지만
평소에는 채식 위주의 식단으로 먹어요.

2. 폴로 베지테리언(Pollo-vegetarian)

소나 돼지고기 등 붉은 고기를 먹지 않고
달걀, 조류, 유제품 등을 섭취.

메추리알

닭가슴살

3. 페스코 베지테리언(Pesco-vegetarian)

육류를 먹지 않고 생선, 동물의 알, 유제품을 섭취.

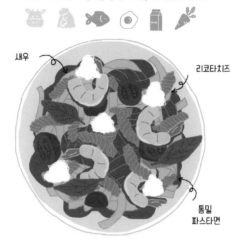

새우

리코타치즈

통밀
파스타면

4. 락토 오보 베지테리언(Lacto-ovo-vegetarian)

육류와 생선은 먹지 않고 동물의 알, 유제품을 섭취.

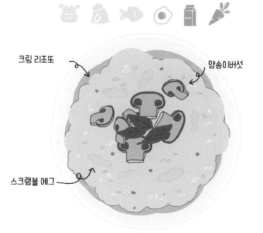

크림 리조또

양송이버섯

스크램블 에그

5. 오보 베지테리언(Ovo-vegetarian)

육류와 생선, 유제품은 먹지 않고 동물의 알을 섭취.

감자 고로케

감자, 당근,
옥수수 듬뿍!

6. 락토 베지테리언(Lacto-vegetarian)

육류와 생선, 동물의 알은 먹지 않고 유제품을 섭취.

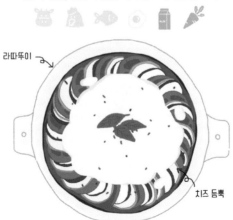

라따뚜이

치즈 듬뿍

7. 비건(Vegan)
육류, 생선, 동물의 알, 유제품은 먹지 않고 식물성 식품만을 섭취.

비건 햄버거

콩고기 패티

껌이 플라스틱이었다니!

그런데 얼마 전에 충격적인 뉴스를 봤어요.
아니 글쎄 껌에 플라스틱이 들어 있다는 거예요!!

껌을 처음에 만들었을 때는 사포딜라 나무에서 추출한
천연고무 '치클'을 껌베이스로 사용했어요.
하지만 껌 소비가 급격히 증가하자 원가를 절감하기 위해
값싼 합성수지 원료로 대체하게 되었죠.

껌베이스로 사용되는 합성수지인
폴리에틸렌, 초산 비닐 수지는 대표적인 플라스틱이에요.

버려진 껌은 딱딱하게 굳고, 작게 조각나
미세 플라스틱이 되어 바다로 흘러가게 되죠.
이렇게 악순환이 반복돼요.

이런 문제를 해결하기 위해 플라스틱과 개별 포장이 없는
천연 치클껌이 다시 시중에 나오고 있어요.
영국의 한 디자이너는 버려진 껌을 이용해
업사이클링 신발을 만들기도 했어요.

천연 치클 사포딜라
(천연 치클을 연상시키기 위한 이미지입니다.)

버려진 껌을 재활용해서
만든 Gumshoe

둥코는 이제 껌을 조금씩 줄이고
천연 치클껌에 도전해보려고 합니다!

삼키면 안 돼요! 길에 버리면 안 돼요!
휴지에 싸서 휴지통에 버려주세요!

(오물오물)
음... 이 맛 괜찮네.

천연 치클껌

장마, 태풍과 함께 나타나는
한국의 쓰레기 섬

태평양에는 한반도 면적의 7배나 되는 거대한
쓰레기 섬이 있어요. 전체 쓰레기의 양은 8만 톤이 넘고,
이 중 80% 이상이 플라스틱인 것으로 추정돼요.

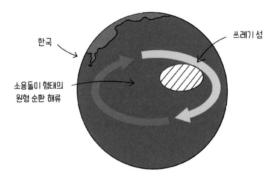

많은 양의 쓰레기는 원형 순환 해류와 바람을 타고 축적이 돼요.
이는 엄청난 양으로 소수 단체에서 해결하기에는 한계가 있어요.

이런 쓰레기 섬이 한국에도 있다는 사실! 알고 계셨나요?
사실 이곳은 장마, 태풍 기간에만 부유물이 쌓인다고 해요.

(강원도 인제군 소양호 상류)

하지만 2020년 여름, 50일이 넘는 긴 장마로 인해
평균보다 더 많은 양의 부유물이 쌓여
거대한 쓰레기 섬이 만들어졌죠.

문제는 이 부유물들이 20일이 지나면 물에 가라앉아
수질을 악화시킨다는 것이에요.

부유물 중에는 나무류와 폐기물류가 섞여 있기 때문에
나무류는 건조 작업을 통해 땔감으로 만들어
주민들에게 나눠주고, 폐기물은 매립 처리를 해요.

환경부에 따르면,
18일간 한강 수계 상류 소양강댐과 충주댐, 횡성댐 등에 유입된
부유물이 약 6만 6,300㎥에 달하는 것으로 집계됐다고 해요.

바람과 비를 타고 모여 만들어진 쓰레기 섬,
정말 심각하죠? 둥코는 긴 장마가 끝난 후
동네를 산책하며 플로깅을 했답니다.
쓰레기 섬이 만들어지지 않게 친구들도 같이해요!

쓰레기 줍줍

제로 웨이스트 실천기

둥코는 요리를 굉장히 좋아해요!
하지만 한 번 요리를 하고 나면 사방에
기름이 튀어 청소하는 데 시간이 더 많이 걸린답니다.

바로 청소를 하지 않기 때문에
기름때가 눌어붙어 쉽게 닦이지 않더라고요.

(청소 바로바로 하기 쉽지 않은 것...)

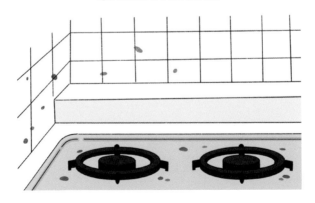

이왕 이렇게 된 거 대청소다!!!

둥코가 소개했던 천연 세제 레시피 중
흑설탕 천연 세제 레시피를 참고해 세제를 만들었어요.
(제3장의 천연 세제 레시피를 참고해주세요.)

쌀뜨물 1.5리터
흑설탕 1컵
천일염 1컵

2주간 발효된
발효액을 소량의
주방 세제와
섞어주면 끝!

둥코는 1주일간만 발효시켰어요. 시간적 여유가 있는
친구들은 2주간 발효시켜보세요!

기름때가 있는 부분에 세제를 골고루 뿌려주고
따뜻한 물로 적신 행주로 닦아주니 깨끗하게 청소가 됐어요.

약간의 세제가 들어갔지만 집에 있는 재료로
천연 세제를 만들었다는 점과 깨끗해진 주방에
무척 만족스러웠답니다!

둥코의 제로 웨이스트 도장 깨기

Level 1.

비닐 재사용하기

Level 2.

마트 갈 때
장바구니 사용하기

Level 3.

플로깅 하기

Level 6.

다회용기에
테이크아웃하기

Level 5.

천연 세제 직접
만들어 사용하기

Level 4.

중고 거래
이용해보기

제 6 장

환경을 위한
참신한
아이디어

비닐 없이 친환경 포장하기

요즘 택배를 이용할 일이 참 많아요.
비닐 없이 친환경 포장재를 이용해 상자를 포장하는 방법을
소개해드릴게요! 친환경 포장재, 어떤 것들이 있을까요?

1. 종이 완충재

100% 천연 크라프트지로 만들어진 종이 완충재는
여름에는 습기를, 겨울에는 건조함을 잡아주는
똑똑한 포장지예요.

2. 네추럴폼

가볍거나 깨지기 쉬운 물건을 보호해주는 네추럴폼은
100% 옥수수 전분으로 만들어져
자연과 토지를 오염시키지 않는 친환경 완충재예요.

3. 친환경 종이 테이프

기존 비닐 테이프와 달리 종이 테이프는
코팅이 되어 있지 않고, 100% 종이로 만들어졌기 때문에
테이프를 제거하지 않고 바로 분리수거를 할 수 있어요.

종이 포장도 포장인데, 환경에 영향을 주지는 않을까요?

종이는 플라스틱, 비닐, 스티로폼보다
훨씬 빠른 시간 안에 자연으로 돌아가요.
그리고 종이의 약 90% 정도가 재활용이 된다고 하니,
현재로서는 최선의 포장 방법이라고 생각합니다.

친환경 테이크아웃 용기

무서운 속도로 확산되는 코로나에
둥코는 강제 홈코노미가 되어버렸어요.

위이잉 - 위이잉 -

재기발랄한 활동가(ENFP)

홈코노미란 무엇인가요?

홈(home)과 이코노미(economy)의 합성어로,
주로 집에서 여가를 보내며 소비 활동하는 것을 말해요.

특히 코로나로 바깥 외출을 자제하게 되면서 외식은 줄고,
배달 음식 이용률은 급격하게 증가했죠.

(코로나 이후 배달 취식 비중이 33%에서 52%로 증가했다.)

(출처: 닐슨코리아 2020년 설문 조사)

배달이 많아지면서 일회용기 사용도 늘어났죠.
"친환경 소재로 테이크아웃 용기를 만드는 곳은 없을까?"라는
궁금증이 생겨 검색을 하다가 이런 브랜드를 알게 되었어요.
바로 런던의 산업 디자인 스튜디오
프리스트먼 구드(Priestman Goode)에요.

왜 친환경 용기라 부를까?

1. 자연에서 생분해가 된다.

2. 식품산업 폐기물을 사용해서 재배한
버섯 균사체를 사용한다.

3. 파인애플 잎에서 추출한 섬유로 가죽을 대체한다.

친환경 테이크아웃 용기는
세척 후 재사용이 가능하다는 장점이 있어요.

프리스트먼 구드의 생분해 테이크아웃 용기처럼
플라스틱 일회용품을 대체할 수 있는 친환경 용기,
앞으로도 많이 볼 수 있겠죠?

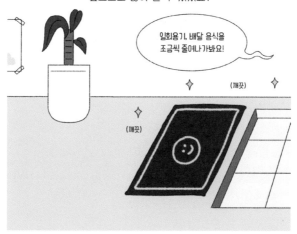

바나나 잎 포장지

"내가 지금 플라스틱을 산 거야, 과일을 산 거야?"라고
헷갈릴 만큼 과도한 플라스틱의 사용이 문제가 되고 있죠.

(UN은 2050년까지 120억 톤의
플라스틱 쓰레기가 발생할 것이라고 예상했다.)

비닐, 플라스틱에
담겨 있는 과일

이 문제를 극복하기 위해 태국 치앙마이의
림핑 슈퍼마켓은 플라스틱 포장을 대체하는
바나나 잎 포장재를 선보였어요.

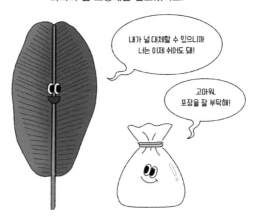

내가 널 대체할 수 있으니까
너는 이제 쉬어도 돼!

고마워,
포장을 잘 부탁해!

태국에서 바나나 잎으로 포장재를 만들 수 있는
이유는 바나나 잎이 열대 지역에서는 흔해서
쉽게 구할 수 있기 때문이에요.

비닐, 플라스틱을
대체할 수 있어요!

두껍고 크고
유연한 바나나 잎

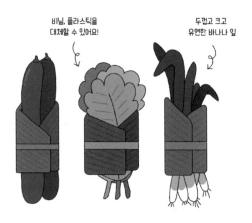

게다가 생분해가 되어 자연으로 빠르게
돌아갈 수 있다고 하니, 이만한 효자 포장재 또 없습니다!

내가... 효자라고...?

바나나 잎을 구하기 어려운 지역에서도
플라스틱을 대체할 수 있는 새로운 방법들을
찾고 있다고 해요. 하루 빨리 플라스틱 없는 소비를
실천할 수 있는 날이 왔으면 좋겠네요!

바나나 잎으로 포장하니
괜히 기분이 좋네!

자연에서 와서
자연으로 돌아가는 제품들

일상에서 가장 많이 쓰이는 비닐과 플라스틱.
아무리 줄이려 노력해도 계속 늘어나고 있는데요.
비닐과 플라스틱을 대체할 수 있는 제품은 없을까요?

환경 오염의 주범, 플라스틱과 비닐을 대체하는
제품들을 소개해드릴게요!

1. 물티슈

물티슈는 수분 보존, 변질 방지를 위해
폴리에스터(PET) 재질로 만들어져요.

심각한 문제는
버려진 물티슈가 5mm 이하의
작은 미세 플라스틱으로 분해된다는
사실이에요.

물티슈 → 대나무 물티슈

대나무 물티슈는 물에 쉽게 분해돼요.
폴리에스터 대신 100% 레이온 원단만을 사용해서
자연에서 생분해된답니다.

대나무는 1년이면 충분히 자라고, 잘린 줄기는 한 달에 약 2.5m가량 자라서
일반 나무보다 산소를 35% 더 많이 생산한다는 장점이 있다.

I'll be back.

2. 비닐

비닐은 분해되는 기간만 500년이 걸리며,
전 세계의 환경 문제를 일으키는 주범이기도 해요.

바다거북은 해초와 해파리를 먹는데, 비닐을 해파리로 착각해 그대로
삼키기도 해요. 하지만 비닐은 소화가 되지 않기 때문에 계속해서 비닐을
먹으면 장내에 축적이 되어 심각한 문제를 초래할 수 있습니다.

비닐 → PLA 소재의 비닐

PLA 소재의 비닐은 옥수수 등의 식물에서 추출한 친환경
수지로, 땅에 묻으면 완전히 생분해가 되고
유해 성분도 남지 않아 인체와 환경에 무해하다고 해요.

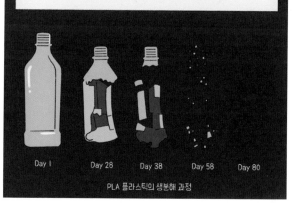

PLA 플라스틱의 생분해 과정

생분해 비닐은 미생물이 활발하게 활동할 수 있도록 일정한
온도(50~60도)를 유지시켜야 하는데, 현재 국내에서는
생분해될 수 있는 환경과 제도가 제대로 갖춰져 있지 않다는
문제가 있어요.

하지만 바다나 땅에서 생분해되는 플라스틱이
개발되는 것은 아주 긍정적인 변화라고 생각해요!

3. 스티로폼

택배의 완충재로 많이 쓰이는 스티로폼은 부피가 크고
가벼워서 잘 부서져요. 아주 작게 부서지기 때문에
미세 플라스틱으로 분해되어 다양한 환경 문제를 일으킨답니다.

(오염되지 않은 흰색의 스티로폼만 재활용이 가능하니
그 외의 스티로폼은 잘게 포개서 종량제 봉투에 버려야 해요.)

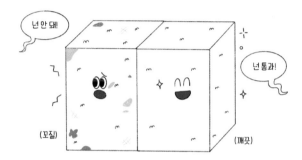

스티로폼 → 버섯 스티로폼

성형 틀에 쌀겨와 메밀껍질 등을 갈아 물과 함께 배합한
균사체를 배양하면, 균사체가 벌어진 틈에
미세한 섬유 조직을 채워 버섯 포장재가 만들어져요.
(이케아도 에코버티브의 버섯 스티로폼 포장재를 사용하고 있다.)

가볍고 튼튼하며, 불에 잘 타지 않는 장점을 가지고 있어요.
자연 소재로 만들어져 100% 생분해되죠.

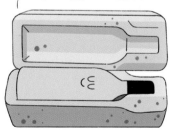

미래형 플라스틱, 페프

인간이 만든 가장 편리한 골칫거리인 플라스틱은
분해되는 데만 500년이 걸리고, 미세 플라스틱으로
쪼개져 해양 생물은 물론, 생태계에 악영향을 끼치고 있어요.

또한 석유 기반의 화학 소재라서 폐기 시
환경 호르몬, 독성 물질, 다량의 이산화탄소 등을 배출하여
심각한 환경 오염을 일으키죠.

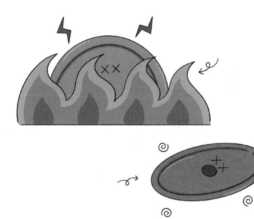

심지어 주로 해저에서 서식하는 상어의 위장에서
미세 플라스틱이 379개나 발견되기도 했어요.
(영국 엑서터대학과 그린피스의 공동 연구 결과)

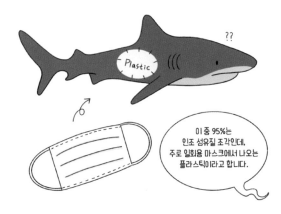

이 중 95%는
인조 섬유질 조각인데,
주로 일회용 마스크에서 나오는
플라스틱이라고 합니다.

21세기에 환경 친화적인
플라스틱이 없다는 게 말이 된단 말인가!

미래형 플라스틱, '페프(PEF)'를 소개합니다.
과연 친환경 플라스틱인 페프는 어떤 장점이 있을까요?
(100% 식물성 재료로 만들어졌기 때문에 환경을 지키는 대안으로 떠올랐어요.)

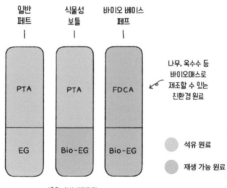

(출처: AVA 바이오켐)

1. 투명성

페프는 페트와 비슷한 수준의 투명성을 갖췄어요.

2. 차단성

산소와 이산화탄소 등 가스 및 수분 차단성이
뛰어나기 때문에 음료와 식품의 신선도를 유지해
유통 기한을 늘릴 수 있다는 장점이 있어요.

3. 내열성

열에도 잘 견디는 우수한 내열성으로
탄산음료, 맥주, 생수병을 대체할 수 있어요.

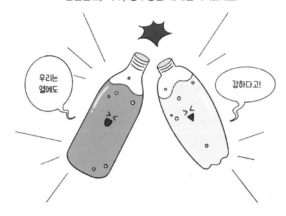

미래형 플라스틱 '페프'의
앞으로의 행보가 기대되네요!

지속 가능한 종이에
콩기름 잉크

저는 평소 이것저것 그림을 그리는데요.
작업물을 프린트해서 방을 꾸미는 것을 좋아해요.

작업물을 뽑을 인쇄소와 종이를 고르던 중
콩기름 잉크와 FSC 인증 종이라는 것을 알게 되었어요.

콩기름 잉크란 무엇인가요?

콩기름 잉크는 석유계 기름 대신 식물유인 콩기름 함량을
늘림으로써 잉크의 휘발성유기화합물(VOCs)이
줄어들어 환경에 부담이 덜 해요.

콩기름 잉크

대기 오염의 원인이 되는
휘발성유기화합물을 줄여
환경 오염과 발암 물질에 안전해요.

콩기름 잉크를 사고 싶을 땐
SOY INK 마크를 확인하면 돼요!

식물성 유분의 사용 비율이 높기 때문에 폐기할 때
생분해성이 향상돼요. 또한 적은 양의 잉크로도
충분한 잉크 농도를 구현할 수 있다는 장점이 있습니다.

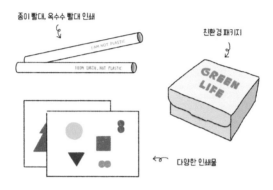

종이 빨대, 옥수수 빨대 인쇄

친환경 패키지

다양한 인쇄물

FSC 인증 종이는 무엇인가요?

FSC 인증 종이는 국제산림관리협의회에서 산림 자원 보존과
환경 보호를 위해 만든 종이입니다.
FSC(Forest Stewardship Council)는 목재를
종이로 만드는 과정을 추적하고 관리하는 친환경 인증 단체입니다.

불법 벌목된 나무를 사용하지 않고
지속 가능한 방식으로 관리된 나무로 만든 종이예요.
숲을 가꿔 그곳에서 기른 나무를 사용하고 유통하죠.

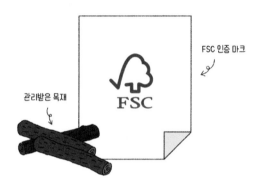

관리받은 목재

FSC 인증 마크

친환경 인쇄를 알게 되었으니,
앞으로 그림을 그리고 인쇄하는 것이
더 즐거워질 것 같은 둥코입니다.

(클릭)

귀여운 그림을 친환경 인쇄해서
방 꾸며야지!! (귀여운 거 최고!)

환경과 건강을 지키는
고체 샴푸바

샴푸에는 실리콘과 계면 활성제 성분이 들어 있어서
환경과 건강에 좋지 않다는 사실이
알려진 적이 있었죠.

하지만 걱정 마세요! 수질 오염을 개선하고
플라스틱도 줄이는 샴푸가 여기 있으니까요!

고체 샴푸바는 플라스틱 용기, 이중 포장 없이
판매되고 있어, 불필요한 쓰레기들을 줄일 수 있다는
큰 장점이 있어요.

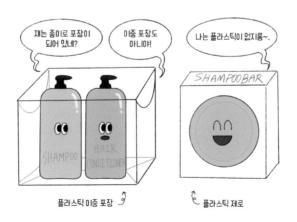

하지만 고체 샴푸바가 익숙하지 않아 고민이 되시죠?
고체 샴푸바 입문자를 위해 둥코가 준비했답니다!

1. 샴푸바 사용법

자신의 모발에 맞는 샴푸바를 선택한 후, 두피에
직접 문질러 사용하거나 거품 망을 이용해서 사용해요.

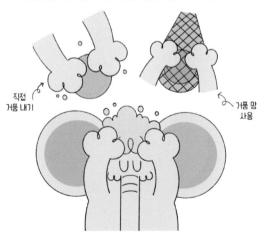

2. 샴푸바 보관법

① 물이 빠지는 비누 받침대 사용하기

② 거품 망에 넣어 보관하기

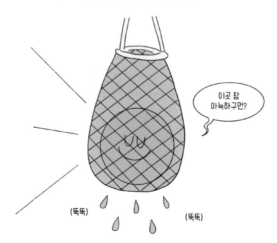

환경을 위한 참신한 아이디어 8

맥주에도 비건 맥주가 따로 있다?

친구들! 고기 없는 월요일 잘 실천하고 계신가요?

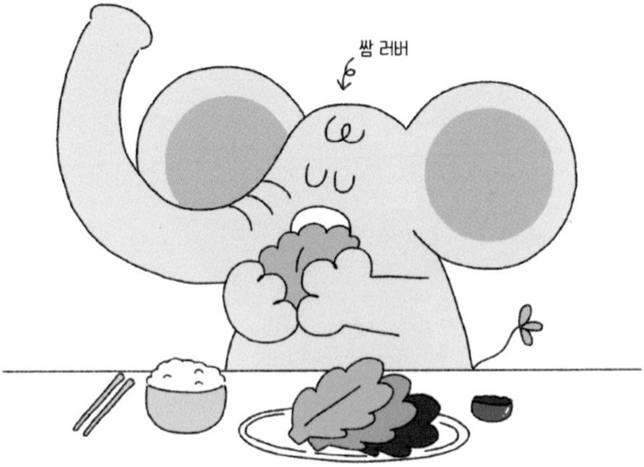

둥코는 고기를 먹는 날보다 야채 위주의 식단으로
먹는 날이 더 많아 고기 없는 월요일을 잘 실천하고 있지만,
딱 하나! 참지 못하는 것이 있어요.

얼른 내 손안으로
들어오거라!

그건 바로 맥주! 맥주는 곡류 발효라고 생각해서, 채식 중에
맥주를 곁들여 먹기도 했는데요. 알고 보니 맥주도
비건과 논비건으로 나뉘더라고요.

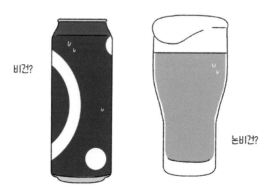

비건?

논비건?

자세히 찾아보니 논비건 맥주는 술을
정제하는 과정에서 젤라틴 등의 동물성 재료가 사용되고,
물고기의 부레풀*을 사용해 효모 침전물을 걸러낸다고 해요.

* 부레풀: 물고기의 공기주머니.

아~, 맥주에도 동물성 재료가
쓰이는구나?

요즘 이런 비건 인증 마크가
늘어나고 있다.

'이왕 먹는 거 맥주도 비건 맥주를 먹어보자!'라는
마음으로 대표적인 비건 맥주 리스트를 가져왔습니다.

'바니보어' 사이트에 등록되어 있는
비건 맥주 리스트

53,110개의 맥주, 와인 및 주류 제품 데이터베이스 검색   검색

오? 이것도 등록되어 있네?

!!

기네스 / 하이네켄
버드와이저 / 칭따오 / 브루독
코젤 / 스텔라 / 호가든 / 블랑
타이거 / 산미구엘 / 싱하
카스 / ARK 코리아 크래프트 브류어리

등등...

더 많은 비건 맥주 종류는 사이트에서 확인해볼 수 있어요.

기상청 오보는
지구 온난화 때문일까?

비가 오지 않을 것이라는 기상청 예보에
오랜만에 외출 약속을 잡았어요.

오랜만에 고데기도 하고 신나게 걷고 있었어요.

328

그런데 그 순간, 빗방울이 떨어지기 시작했어요.

갑자기 쏟아지는 폭우라는 걸 깨닫고 우산을 폈지만,
이미 비에 흠뻑 젖은 후였어요.

빗물을 털어내고 카페에 들어가 기상청 오보를
검색해보니 관련된 뉴스가 여럿 보였는데,
오보의 이유 중 하나가 기후 변화라는 기사를 보게 됐죠.

지구 온난화로 인해 지구의 기온이 오르면서 여러
이상 기후 현상이 일어나 변수가 많아졌대요. 그래서
하루 전에 날씨를 예측하는 데 어려움이 있다고 해요.

둥코가 맞은 '스콜성*' 폭우는 한반도가 아열대화되면서
나타난 현상이었고, 이상 고온 현상이 날씨에 큰 영향을 미쳐
기상청도 날씨를 가늠할 수 없었던 것이었죠.

* 스콜: 열대 지방의 좁은 지역에 짧은 시간 동안 퍼붓는 폭우, 세찬 소나기.

특히 2020년 장마는 1973년 이후 가장 길었고(무려 54일간)
피해도 극심했어요. 전국 평균 강수량이 687mm로,
역대 두 번째를 기록했어요.

(앞으로는 이와 같은 피해가 없길 바랍니다!)

제로 웨이스트 실천기

포장과 배달이 익숙해진 요즘,
환경 문제에 대한 이슈도 커지고 있어요.

코로나19 사태가 장기화되면서
배달과 택배가 늘었고, 바이러스 감염 전파를
차단하기 위해 일회용품 사용도 증가하게 되었죠.

그래서 둥코는 제로 웨이스트 도장 깨기의
마지막으로 '다회용기에 포장하기'에 도전해보기로 했답니다.

마침 달달한
디저트도 먹고 싶었고~.

평소 자주 가던 카페의 케이크가
자꾸 생각이 나서 케이크를 포장하러 가기 전에
다회용기를 챙겼어요.

오! 적당한 크기의
다회용기 발견!

평소라면 그냥 먹고 나오거나
일회용기에 포장했을 텐데
다회용기에 케이크를 담아 오니 기분이 새로웠죠.

매장에서 먹을 때

포장할 때

내용물 크기에 맞는 다회용기를 선정하는 데 고민이 있었지만
'모양이 조금 망가지면 어때? 실천하는 것이 중요해!'
라는 생각이 들었답니다.

일상을 지내다 보면 다짐과는 다르게
제로 웨이스트를 실천하기 어려운 상황들이 생겨요.
다짐을 지키지 못해 실패했다고 좌절하기보다는 항상 의식하고
실천하고자 하는 자세가 가장 중요하다고 생각해요.

친구들도 둥코와 함께 용기를 내봐요!

둥코의 제로 웨이스트 도장 깨기

Level 1.

비닐 재사용하기

—

Level 2.

마트 갈 때
장바구니 사용하기

—

Level 3.

플로깅 하기

Level 6.

다회용기에
테이크아웃하기

—

Level 5.

천연 세제 직접
만들어 사용하기

—

Level 4.

중고 거래
이용해보기

제 7 장

친환경
브랜드를
소개합니다

환경을 위해
노력하는 패션 브랜드

빠르게 소비되고, 버려지는 패스트 패션. 패스트 패션은
트렌드를 빠르게 반영하고 가격도 저렴해요.
(나일론, 아크릴, 폴리에스테르 등 합성 섬유를 사용한다.)

340

합성 섬유를 세탁할 때 나오는
미세한 섬유 조각이 하수나 바다로 흘러가
미세 플라스틱이 되어 환경에
나쁜 영향을 준대요.

또한 옷 하나를 만드는 데 엄청난 자원이 소비되고 있죠.

그린피스의 발표에 따르면,
청바지 한 벌을 만드는 데 32.5kg의
이산화탄소가 발생하고, 약 7,000리터의
물이 사용된다.

티셔츠 한 장을 만드는 데
2,700리터의 물이 필요하다.

전 세계 폐수 배출량 중 패션산업이 차지하는 비중은 20%에 달한다.

미국 환경청(EPA)의 발표에 따르면, 2013년을 기준으로
미국에서 1년 동안 버려지는 의류량은
1,510만 톤에 달한다고 해요.

대부분이 소각·매립되어,
패션산업은 전 세계 탄소 배출량의
10%를 차지하고 있어요.

네, 여기 빠르게 소비되는 패스트 패션과 달리,
환경을 위한 패션이 있습니다!

컨셔스 패션(Conscious Fashion)

의식 있는 의류 및 소비를 뜻하는 말로, 소재부터 제조 공정까지 친환경적이고
윤리적으로 생산된 의류 및 그런 의류를 추구하고자 하는 추세를 뜻해요.

1. 파타고니아 _ 컨셔스 패션 브랜드

현재 생산되는 옷의 50%를 재생 소재로 제작해요.
친환경 옷을 만들지만 이마저도 환경에 오염이 될 수 있으니,
기존의 옷을 버리지 말고 잘 세탁하고 관리하는 방법을 알려줘요.
망가진 옷을 수선해주는 서비스도 운영하고 있어요.

파타고니아의 티셔츠는 일반 면 티셔츠와 비교했을 때,
플라스틱 물병 4.8개, 자투리 원단 118g이 재활용되며, 238리터의 물이 절약돼요.

2. 노스페이스 _ 환경을 위해 노력하고 있는 브랜드

페트병 리사이클링 원단을 사용해서 옷을 만들어요.
친환경 가공 공정을 통해 에너지원을 절약하고,
온실가스도 대폭 줄였답니다.

한 벌당 최대 500ml
페트병 660개 사용

플라스틱으로 고통을 받고 있는
해양 생물과 멸종 위기 동물을
디자인에 넣어 환경 보호에
대한 인식을 높였어요.

3. 블랙야크 _ 환경을 위해 노력하고 있는 브랜드

버려진 이불, 베개 등에서 채취한 우모를 재가공하여
'리사이클 다운'을 만들었어요.

4. 네파 _ 환경을 위해 노력하고 있는 브랜드

페트병을 재활용한 리사이클링 원단을 사용해요.
물을 사용하지 않고 염색하는 '드라이다이' 공법,
RDS 인증 제작 등을 통해 친환경 제품을 생산하고 있어요.

RDS 인증이란?

5. H&M _ 환경을 위해 노력하고 있는 브랜드

대표적인 패스트패션 브랜드인 H&M이
헌 옷을 새 옷으로 바꿔주는 가먼트-투-가먼트
리사이클링 시스템인 '루프'를 론칭했어요.

위이잉

기계 중 일부

위이잉

루프는 오래된 의류를 분해하고
조립하는 기술을 사용해 새 옷으로 만들어요.
루프 기계에 넣어진 의류는 세척되어 섬유로 잘게 찢어지고
새로운 실로 만들어진 뒤 새로운 패션 아이템으로 탄생돼요.

**한 번 더 옷을 만드는 과정에서 물과 화학 물질을
사용하니까 환경 오염에 영향을 끼칠 수 있는 거 아닌가요?**

이 시스템은 물과 화학 물질을 전혀 사용하지 않아

의류를 새로 생산했을 때보다 환경에 미치는 영향이 훨씬 낮아요.

추가되는 소재도 지속 가능한 방식으로 만들어진 소재를 사용하고,

가능한 적게 사용하려고 한다고 해요.

탁

스텔라 맥카트니의
그린 라이프

비건을 지향하는 럭셔리 브랜드인 스텔라 맥카트니는
명품 중에서도 특별하게 비건을 지향하는 브랜드예요.

(그 뒤를 이어 구찌, 버버리, 샤넬, 지미추 등
여러 명품 브랜드에서 '퍼 프리(Fur Free)' 선언을 하고 있다.)

그런데 스텔라 매카트니는
누굴까?

'퍼 프리'는 모피 제품
생산 중단을 말해요.

스텔라 맥카트니를 설립한 패션 디자이너인
스텔라 매카트니를 소개합니다.

비틀즈의 폴 매카트니와 환경 운동가이자
사진작가인 린다 매카트니 사이에서 태어났어요.
환경 운동가였던 어머니의 영향을 받아 '친환경주의'를 대표 가치로 내세운
자신만의 브랜드 스텔라 맥카트니를 2001년에 론칭했어요.

스텔라 맥카트니의 옷은 인조 모피로 만들어져요.
인조 모피를 모피 대체품이 아닌 패션 아이템으로
자리매김하게 만들었죠.

동물 가죽과 모피를 사용하지 않는
'No Fur'를 주장하며 친환경 제품을
선보인 브랜드예요.

이외에 스텔라 매카트니는 패션을 넘어
환경을 위한 행동을 몸소 보여주고 있어요.

1. Meat Free Monday

채식주의자인 스텔라와 그녀의 가족들은 육식을
줄이는 것이 자신과 지구를 위한 일이라고 생각하여,
월요일만큼은 고기를 먹지 말자는 취지의
'고기 없는 월요일'을 실천하고 있어요.

2. Clever Care

옷을 자주 세탁하기보다는 관리에 신경을 써서 환경을
보호하고 옷의 수명도 연장시키자는 취지의 활동이에요.

3. There She Grows

2019년 2월, 'There She Grows' 캠페인을 시작했어요.
인도네시아 르우제르의 생태계 보호를 위해
나무를 기부하는 활동이죠.

무럭무럭
자라라.

퇴비화되는 포장지

재활용이 아닌, 퇴비화되는 포장지를 만드는
회사가 있어요. 미래 환경을 생각하는 독일의 회사
COMPOSTELLA입니다!

COMPOSTELLA의 창립자는 1980년대에
포장지 회사에서 마케팅을 담당하던 중
친환경 포장지를 찾고 있던 맥도날드와의 거래로
퇴비화 천연 종이를 개발하게 되었다고 해요.

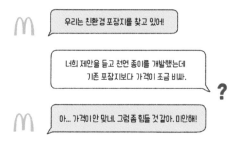

우리는 친환경 포장지를 찾고 있어!

너희 제안을 듣고 천연 종이를 개발했는데
기존 포장지보다 가격이 조금 비싸.

?

아... 가격이 안 맞네. 그럼 좀 힘들 것 같아. 미안해!

비싼 가격 때문에 팔리지 않던 이 종이는 시간이 흘러
플라스틱, 알루미늄, 비닐을 대체하는
친환경 소재로 주목을 받게 되었답니다.

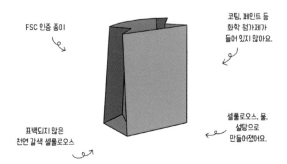

FSC 인증 종이

코팅, 페인트 등
화학 첨가제가
들어 있지 않아요.

표백되지 않은
천연 갈색 셀룰로오스

셀룰로오스, 물,
설탕으로
만들어졌어요.

1. 기름이 묻지 않는다.

소시지, 치즈, 빵, 훈제 생선 등을
포장하고 보관하는 데 이상적이에요.

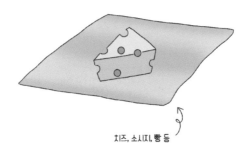

치즈, 소시지, 빵 등

2. 내열성이 강하다.

오븐에 넣어 사용할 수 있고, 기름칠을 잘 하면
베이킹 페이퍼로도 사용이 가능해요.

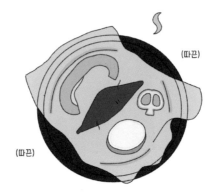

(따끈)

(따끈)

3. 무미, 무취

천연 종이는 순도가 높기 때문에 음식의
고유한 냄새를 유지할 수 있어요.

샌드위치, 주먹밥 등
부담 없이 포장할 수 있어요.

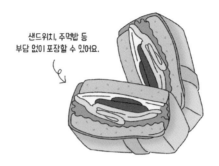

4. 통기성이 뛰어나다.

균형 잡힌 공기와 습기의 균형으로 종이는 환경에 따라
냉장고의 습기를 흡수하거나 방출할 수 있어요.
식품에 곰팡이가 생기는 일이 없답니다.

포장 후 냉장 보관하기 딱 좋음!

5. 랩 없이 음식을 보관할 수 있다.

물에 종이를 적신 뒤 음식물이 있는 그릇을 감싸면
랩처럼 그릇에 달라붙어 음식의 신선함을 유지할 수 있어요.

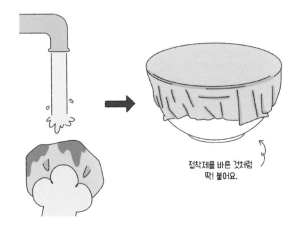

접착제를 바른 것처럼
딱! 붙어요.

이외에도 GMO 프리 옥수수 전분을 사용해 비닐을 만들고,
꽃 포장지, 사무용품, 주방용품 등 다양한 제품을
오직 퇴비화가 되는 것에 집중해 생산하고 있어요.

(바이오 플라스틱이 완전히 썩는 데 약 14~21일이 걸린다고 해요.)

우왕, 엄청 다양한
퇴비화 제품을 생산하네?

COMPOSTELLA의 창립자는 제품이 버려지고
태워지게 되면 그냥 사라지지만, 제품의 퇴비화는
토양으로 분해되어 새로운 생명의 번식지가 된다고 말해요.

환경을 위한 아이템이
다양해지는 건
정말 좋은 일이네요!

퇴비화되는 봉지

자연의 재료로 만든
안경테!

언택트 시대, 평소보다 컴퓨터를 보는 시간이 늘면서
시력에 상관없이 블루 라이트 차단 안경을 필요로 하는
사람들이 늘고 있어요.

하지만 우리가 쓰는 안경의 주재료는 플라스틱!
요즘 뿔테가 다시 유행하면서 패션 안경으로
많은 사람들에게 사랑받고 있죠.

이왕이면 플라스틱 안경테 말고
친환경 안경테가 있으면
좋겠는데...

여기, 자연의 재료로 만들어진 안경테가 있습니다!
독일의 안경 제조업체 ROLF는
티타늄, 콩, 나무, 돌 등을 기반으로 안경을 만들어요.
(ROLF가 사용하는 천연 소재 중 대극과(Euphorbiaceae)에
속하는 식물이 지속 가능한 안경을 만들 수 있는 여건을 제공해줘요.)

1. 유전 공학 없이 열대 기후에서 재배
2. 4개월 만에 6미터씩 자라남
3. 식량 작물과 경쟁하지 않음

ROLF의 모든 안경은 '주문형' 수작업으로 제작되며,
천연 재료를 사용하여 지속 가능한 제품을 만드는데요.
안경뿐 아니라 케이스도 나무로 제작한대요.

심지어 나무 케이스도
현장에서 수작업으로
만든다고 해요.

안경 케이스

하지만 ROLF 안경을 생산하려면 82개의
작업 단계를 거쳐야 하고, 많은 작업 시간과
수준 높은 기술의 수작업이 필요해요.

제품에 많은 시간과
사랑을 투자하여 한 사람만을 위한
안경을 제작하는 것에
큰 의미를 둔다고 해요.

그만한 가치가 있는 일!

ROLF는 지속 가능한 제품을 만들기 위해 안경테를 만드는
자원부터 생산까지 많은 노력을 하고 있습니다.

비건 가죽이라고?

'비건 패션' 들어보셨나요?

가죽, 모피, 울 등 동물성 소재를
사용하지 않고 만든 옷을 뜻하는 말이에요.

(동물 윤리와 환경 문제 모두 해결할 수 있는 착한 소비 '비건 패션'.)

식물의 섬유를 통해 만들어지는
비건 가죽은 친환경 소재로 만들어져 환경 걱정 없고,
윤리적이라는 장점이 있어요. 게다가 진짜 가죽처럼
질기고 튼튼해 많은 사랑을 받고 있어요.

인조 가죽은 유해성 논란이 있는
합성 섬유 물질로 만들어져 환경 오염을,
동물 가죽은 동물을 도살해 가죽을 얻기 때문에
많은 문제가 있어요.

인조 가죽 ➡

동물 가죽 ➡

둥코가 비건 가죽 브랜드를 소개해드릴게요!
첫 번째는 피나텍스입니다.

재료부터
제조 과정까지
동물과 환경에

피해를 최소화한
착한 가죽이죠.

비건 가죽의
첫 번째 주인공

피나텍스는 파인애플 잎의
섬유를 통해 비건 가죽을 만들어요.
(필리핀 전통 의상인 '바롱 타갈로그'에서 힌트를 얻었다고 해요.)

파인애플 잎에서 뽑아낸 섬유맥을
기존 천에 얹어 바롱 타갈로그를 만들어요.

필리핀의 전통 의상
바롱 타갈로그

피나텍스는 파인애플 수확 뒤 버려지는
잎을 모아 비건 가죽을 생산하고 있어요.
(부산물은 5% 정도만 남고, 이 또한 천연 비료로 재사용된다고 해요.)

파인애플 잎이
산더미

전 세계적으로 매년
버려지는 파인애플 부산물만
2,500만 톤이래요.

농업 폐기물인 파인애플 잎을 사용해
농촌과 환경에 긍정적인 효과를 준 파인애플 가죽
피나텍스, 다양한 제품으로 만나볼 수 있겠죠?

브아~.

피나텍스 가죽으로
만든 가방

두 번째는 찐 가죽보다 더 가죽 같은
비건 가죽을 만드는 데세르토입니다.

2명의 멕시코 사업가인
우리가 만들었어요.

데세르토는 선인장을 이용해 가죽을 만들어요.
선인장은 섬유질이 풍부하고, 소량의 물에도 잘 자라며
재생력이 뛰어나다는 장점이 있어요.

수확한 선인장을 잘 세척해서 가루로 만든 후
섬유화하는 데 필요한 재료를 섞어 압축하면
질기고 튼튼한 선인장 가죽이 완성되죠!

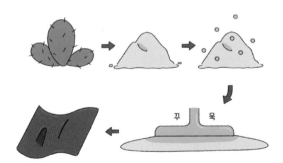

의류, 신발, 가방 등 가죽이 필요한 모든 물건에
적용이 가능해요. 가죽의 수명은 10년으로,
오랫동안 튼튼하게 사용할 수 있다고 하니 엄청 든든하네요!

환경 관련 기념일

환경과 관련된 기념일이 이렇게나 많았다니!
환경 기념일에 우리가 할 수 있는 생활 속 실천을
둥코가 알려드릴게요!
(우리 같이 실천을 습관으로 만들어봐요.)

**무엇이든 물어보세요.
둥코가 알려드림!**

1. 환경과 관련된 기념일이 궁금해요.

2. 일상생활에서 우리가 실천할 수 있는
   환경 보호 방법을 알려주세요.

3월 22일, 세계 물의 날

점점 심각해지는 물 부족과 수질 오염을 방지하고
물의 소중함을 되새기기 위한 날이에요.

(우리나라는 1990년부터 7월 1일을 '물의 날'로 정하여
행사를 개최하다가 유엔에서 '세계 물의 날' 행사에 함께할 것을 제안해오자
1995년부터 3월 22일로 '물의 날'을 변경했다.)

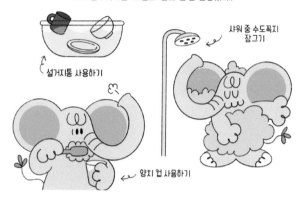

설거지통 사용하기

샤워 중 수도꼭지
잠그기

양치 컵 사용하기

4월 4일, 종이 안 쓰는 날

4월 5일 식목일 하루 전, 종이 안 써보기!

(우리나라 환경 단체인 녹색연합에서 2002년을 시작으로 매년 4월 4일을
종이 사용량을 줄이는 '종이 안 쓰는 날'로 정했다. 나무를 심는 것만큼
종이 사용량을 줄이는 것도 중요함을 알리고 있다.)

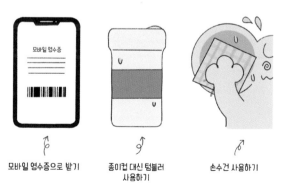

모바일 영수증

모바일 영수증으로 받기

종이컵 대신 텀블러
사용하기

손수건 사용하기

4월 22일, 지구의 날

환경 오염의 심각성을 일깨우기 위해 제정된 날로,
1970년 4월 22일 미국 게이로드 넬슨 상원의원이
'지구의 날'을 주창한 것이 계기가 되었어요.

지난 4월 22일에는 오후 8시부터
10분간 소등 행사를 진행했다.

4월 25일, 세계 펭귄의 날

미국 맥머도기지에서 지구 온난화로 인한 서식지 파괴로
사라져가는 펭귄을 보호하기 위해 남극 펭귄이
북쪽으로 이동하는 시기에 맞춰 기념일로 정한 날이에요.

18종의 펭귄 중 10종의 펭귄이 '멸종 위기에 처한 야생 동식물종의
국제 거래에 관한 협약'에 의해 보호받고 있다.

5월 22일, 세계 생물종 다양성 보존의 날

생물종 다양성에 대한 이해와 보존을 위한 날이에요.

(유엔 생물다양성과학기구 보고서에 따르면, 현재 지구 상에
약 800만 종 이상의 생물종이 존재하는 것으로 추정되나
머지않아 100만 종이 멸종될 것으로 예상된다고 한다.)

지구 지킴이

멸종 위기 동물
둥근귀코끼리

8월 22일, 에너지의 날

에너지의 중요성과 지구 온난화 등의 문제를 제대로 인식하고,
에너지 절약에 동참하자는 취지로 만들어졌어요.

(에너지의 날에는 오후 2시부터 3시까지 1시간 동안 에어컨 끄기,
오후 9시부터 5분간 전등 끄기 등 다양한 행사가 진행된다.)

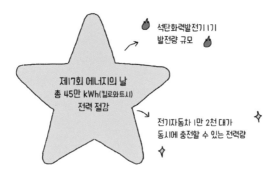

석탄화력발전기 ||기
발전량 규모

제17회 에너지의 날
총 45만 kWh(킬로와트시)
전력 절감

전기자동차 1만 2천 대가
동시에 충전할 수 있는 전력량

2월 2일, 세계 습지의 날

6월 5일, 세계 환경의 날

6월 17일, 세계 사막화 방지의 날

9월 16일, 세계 오존층 보호의 날

12월 11일, 국제 산의 날

오늘부터 조금씩 제로 웨이스트
: 모두의 지구를 위한 작은 행동

초판 1쇄 발행 | 2021년 5월 31일
초판 4쇄 발행 | 2022년 11월 10일

지은이 | 장서영(그린라이프)
발행인 | 고석현

발행처 | (주)한올엠앤씨
등록 | 2011년 5월 14일

주소 | 경기도 파주시 심학산로 12, 4층
전화 | 031-839-6804(마케팅), 031-839-6817(편집)
팩스 | 031-839-6828
이메일 | booksonwed@gmail.com

* 비즈니스맵, 책읽는수요일, 라이프맵, 생각연구소, 지식갤러리, 스타일북스는 (주)한올엠
  앤씨의 브랜드입니다.